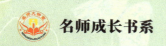

名师成长书系

成长蜕变

蜕变

幼儿教师专业成长的故事

李贞珠◎编著

哈尔滨出版社

HARBIN PUBLISHING HOUSE

图书在版编目（CIP）数据

成长·蜕变：幼儿教师专业成长的故事 / 李贞珠编著 .
— 哈尔滨：哈尔滨出版社，2022.5
ISBN 978-7-5484-6524-9

Ⅰ . ①成… Ⅱ . ①李… Ⅲ . ①幼教人员—师资培养—
案例 Ⅳ . ① G615

中国版本图书馆 CIP 数据核字（2022）第 085532 号

书　　名：**成长·蜕变：幼儿教师专业成长的故事**
CHENGZHANG·TUIBIAN: YOU' ER JIAOSHI ZHUANYE CHENGZHANG DE GUSHI

作　　者：李贞珠　编著
责任编辑：曹雪娇
封面设计：笔墨书香

出版发行：哈尔滨出版社（Harbin Publishing House）
社　　址：哈尔滨市香坊区泰山路82-9号　　　邮编：150090
经　　销：全国新华书店
印　　刷：武汉颜沫印刷有限公司
网　　址：www.hrbcbs.com　　　www.mifengniao.com
E-mail： hrbcbs@yeah.net
编辑版权热线：（0451）87900271　87900272

开　　本：710mm×1000mm　　1/16　　印张：9　　字数：110千字
版　　次：2022年5月第1版
印　　次：2022年5月第1次印刷
书　　号：ISBN 978-7-5484-6524-9
定　　价：46.00元

本书编委会成员

编著：李贞珠

编委：钟献华　吴　莺　朱紫媛　黄　畅　黄琼芬

　　　薛文婷　谢艳芳　余艳艳　李宇卿　钟超斐

　　　杨柳平　李素红　傅旭慧　曾雪玲

前 言

　　这是一本有关幼儿园教师专业成长的书籍，书中每一个故事背后是一个个鲜活的案例，每一个案例后面是幼儿园教师专业成长、蜕变和成就自我的过程。

　　迈克尔·富兰曾说："教育变革的最终力量来自个人。"每一位幼儿园教师的专业成长需要其在自己的教育教学实践中不断地探索与追求，这是一个认识自我、实现自我和超越自我的过程。一位优秀的幼儿园教师应准确把握时代脉搏与趋势，不断审视与认识自我，找准自我定位，明确自己对幼儿教育事业的价值，挖掘自身潜能，履行工作职责，拓展发展空间，实现自我更新，真正成为自身职业生涯的主人。

　　幼儿园教师的根本任务是促进幼儿精神生命的成长与精神世界的丰富。在促进幼儿发展的同时，幼儿园教师也应关注自身的成长与发展。斯滕豪斯提出，"教师专业发展的关键在于专业自主发展的能力"。教师专业发展的内容是丰富的，途径、方法也是多样的。作为梅州市首届幼儿园名教师工作室之一，梅州市李贞珠名教师工作室在主持人李贞珠副园长的带领下，围绕"示范引领、课题研究、实践操作"三个路径引导工作室成员与所在区域幼儿教师的专业成长，期望教师们达成破茧成蝶、超越自我的目的。

　　本书的完成得到了工作室指导专家张登山副教授、于珍博士、教研专家刘媚园长和各位学员的支持。入选本书的各种活动场景、案例、文章均经过认真筛选与修改，集合了工作室全体成员的智慧，是工作室全体成员辛勤劳动的结晶。

编 者

2021 年 12 月 9 日

目　录 | CONTENTS

第一章　示范引领

第二章　课题研究中成长

第三章　实践操作中成熟

示范引领

　　独行快，众行远。工作室的成立，让一群有着幼教情怀的人相聚在一起。在名教师李贞珠的带领下，我们走进了一个个姊妹园，开展了一次次研修活动，聆听了一场场专家讲座。这些让我们在逐梦路上不断前行。

"贞"心实意一起走

——梅州市李贞珠名教师工作室首次"云"见面研讨会

盼望着，盼望着……7月19日晚上8点，李贞珠名教师工作室入室学员终于迎来了首次"云"见面研讨会。会议由工作室助手吴莺老师主持。

会议伊始，工作室主持人李贞珠副园长做了自我介绍，同时对工作室、入室学员、梅江区龙丰幼儿园做了简要介绍。李贞珠副园长知性儒雅、平易近人，散发出新时代幼教人的人格魅力及风采，给每位学员留下了深刻的印象。

接着，工作室入室学员进行了自我介绍，通过网络互相认识。有学员分享了自己的幼教历程，有学员表达了追随名师、追求成长的决心，还有学员期待在工作室大家庭中"抱团取暖"、吸收光热。

最后，李贞珠副园长介绍了工作室的学员制度、任务清单、工作室的三年计划及个人发展规划，制定了学员的周期培养目标和任务。她希望学员们齐心协力，发挥优势，共同学习，圆满完成各项任务。会议结束前，李贞珠副园长还请大家欣赏了龙丰幼儿园客家文化特色艺术活动——幼儿舞狮表演。

学员们纷纷表示，感恩这次美丽的遇见，感谢引路人——李贞珠名教师，让大家从此成为一家人，为了一个共同目标，开启了自己成长的新旅程，相信在名师的专业引领下，自己定会学有所获，学有所成，成为更优秀的幼教工作者！

团结就是力量，力量推动前行。带着满怀的热情与信心，带着满怀的憧憬和希望，李贞珠名教师工作室将坚定信念，"贞"心实意从这里开始一起走下去，为梅州学前教育的发展奉献力量。

名师启航　成就梦想

——首届名教师、名校（园）长工作室启动暨授牌仪式简讯

2020 年 7 月 28 日下午，梅州市幼儿园名教师工作室主持人李贞珠副园长带领助手吴莺老师到嘉应学院参加了由梅州市教育局主办的梅州市首届名教师、名校（园）长工作室启动暨授牌仪式。参加授牌仪式的有张晨副市长、各市（区、县）教育局局长、分管副局长、教师发展中心主任和 50 位市级名教师、名校（园）长工作室主持人及工作室助手。

活动首先是梅州市首届名教师、名校（园）长工作室启动暨授牌仪式。授牌仪式后，50 位市级名教师、名校（园）长工作室主持人进行了集体宣誓。

接着，张晨副市长作指导讲话。她对梅州市首届名师、名校（园）长主持人表示热烈的祝贺，从师资培养体系、加强教师发展中心建设、构建一体化运作模式和打造名师集群式培养四个方面对工作室工作的开展提出了具体的要求，希望工作室主持人尽心尽责完成任务，引领优秀教师共同成长，带动教师队伍素质整体提升。

此次授牌仪式意味着梅州市李贞珠名教师工作室的工作全面启动。工作室主持人将不断学习、尽心尽责，引领工作室学员共同成长。

相信在市级、区级教育部门强有力的保障下，李贞珠名教师工作室将成为教师"研究的平台、成长的阶梯、辐射的中心"。

守望情怀　迎风启航

——梅州市李贞珠名教师工作室揭牌仪式报道

感恩遇见，不负韶华。2020 年 8 月 18 日上午，梅州市李贞珠名教师工作室揭牌仪式在梅江区龙丰幼儿园隆重举行。

梅江区教育局张志主任科员，梅江区教师发展中心教学科研一室林苑芬主任，梅江区教师发展中心教学科研二室梁媛民副主任，梅江区教师发展中心学前教研员蓝映红，梅州市李贞珠名教师工作室指导专家、嘉应学院教育科学学院张登山副院长，梅州市李贞珠名教师工作室技术专家、梅州市教师发展中心钟献华老师，梅州市李贞珠名教师工作室教研专家、梅江区龙丰幼儿园刘媚园长，梅州市李贞珠工作室全体入室学员，广东省刘媚名教师工作室入室学员、部分网络学员以及龙丰幼儿园全体教师共约 50 人参加了揭牌仪式。

梅江区教育局张志主任科员首先对"梅州市李贞珠名教师工作室"的成立表示祝贺，并对工作室寄予殷切期望。他希望名教师工作室成员珍惜和利用好这个平台，进一步锤炼、积淀个人的教学智慧，不断提升个人的教学水平和科研能力，为加强名教师队伍建设，推进"名师工程"的深入实施，造就一批"学者型""专家型"的名教师。张志主任科员还在发言中指出，希望名教师工作室主持人加强内外交流，抓住机遇，大胆探索，积极创新，圆满完成工作室的各项工作任务，为促进梅州市名教师队伍建设和提升教育教学质量做出应有的贡献。

随后，工作室主持人李贞珠副园长发言："工作室主持人是一份荣誉，更是一份责任。作为首届梅州市名教师工作室主持人，我既倍受鼓舞，又深感责任重大。我深知自己身上肩负着梅州教育改革、教育振兴的使命，定会以此为动力，严格要求自己，认真履行工作室主持人的职责。工作室成员的加入，意味着我们是一个学习共同体、研究共同体、教师成长发展共同体。工作室将着力开展理论学习、考察交流、观摩教学、听课评课、课题研究等多种形式的工作，充分发挥名教师的示范引领作用，为促进梅州学前教育的发展奉献自己的力量。"

最后，工作室学员代表杨柳平副园长进行发言。她用"感谢、责任、奋斗"六个字来表达自己的感受，并代表工作室全体学员承诺：学员们将致力于成长探索，专注于教育研究，在名师的带领下共同成长。

此次揭牌仪式标志着"梅州市李贞珠名教师工作室"正式启动。新的起点，新的征程，工作室全体成员将为共同的教育梦想，守望共同的教育情怀，把这份厚望与期待化为工作中的热情和动力，在幼教事业上描绘出精彩绚丽的一笔！

梅州市李贞珠名教师工作室 2020 年第一次集中研修活动

2020 年 8 月 18 日上午，梅州市李贞珠名教师工作室揭牌仪式在梅江区龙丰幼儿园五楼会议室举行。梅江区龙丰幼儿园李贞珠副园长作为首届梅州市名教师工作室主持人，将充分发挥名教师的示范引领作用，为促进梅州学前教育的发展奉献自己的力量。

一、课题开题报告会

揭牌仪式结束后，广东省教育科学"十三五"规划课题"幼儿园客家文化课程的构建与实践研究"的主持人——梅江区龙丰幼儿园刘媚园长和梅州市哲学社会科学 2020 年规划特别委托立项课题"苏区红色文化融入学前教育的理论与实践研究"的主持人——梅江区龙丰幼儿园李贞珠副园长分别做课题开题报告。

二、名师引领，聚力前行

为加快推进省级、市级名教师工作室建设，发挥名教师在教师队伍建设中的示范、引领作用，促进学前教育领域的学术交流，提高幼儿教师专业水平，广东省刘媚名教师工作室、梅州市李贞珠名教师工作室联合邀请专家举办专题讲座研修活动。

2020年8月18日上午，嘉应学院教育科学学院张登山副院长给老师们带来了精彩的专题讲座"教师教育论文写作的误区与解决路径"，帮助老师们解决了如何写好教育论文的疑问和困惑，令老师们受益匪浅。

8月18日下午，梅州市教育局科研办黄昆鹏副主任为大家做了"教育科研课题的选题和申请"专题讲座。幼儿园开展教育科研课题是提高教师专业发展的一种方法，黄昆鹏副主任用妙趣横生的语言，让老师们对教育科研课题有了更深层次的理解。

随后，广东省林明名教师工作室主持人林明给大家带来了"世间的每朵花都是璀璨的——如何立足本土打造个人品牌"专题讲座。林明老师表示：每个人在世上都是独一无二的，我们要善于发掘本土资源，打造出自己的特色品牌。

8月19日上午，嘉应学院教育科学学院钟志荣教授为老师们带来了"信息时代下微课制作和应用"专题讲座。当今社会，信息时代发展迅猛，对于学前教育的老师来说，学习信息技术的应用和制作也更为迫切。钟教授耐心地向老师们讲解了微课的制作过程，详细演示并操作了相关的应用软件，让老师们收获颇多。

接着，嘉应学院于珍副教授带来了"专业幼儿教师的行为"专题讲座。于教授用真实的案例让老师们反思自己的教学方式和方法，进一步加强教师专业素养。

8月19日下午，广东省刘媚名师工作室主持人、梅江区龙丰幼儿园刘媚园长给老师们带来了"客家文化融入幼儿园课程的探索实践"专题讲座。客家文化是客家地区物质精神和文化的结晶，不仅能激发幼儿对家乡的热爱，还有利于客家文化的传承与弘扬。

讲座结束之后，广东省刘媚名教师工作室和梅州市李贞珠名教师工作室分别进行了研修活动。广东省刘媚名教师工作室学员纷纷表示：今后将继续致力于教学成长探索，专注于科研教育研究，在名师的带领下不断提高自己的教科研水平，与名师共同成长。梅州市李贞珠名教师工作室通过一场欢快的破冰游戏，让学员之间相互认识，拉近彼此的距离。工作室主持人李贞珠副园长向学员们明确了工作室的各项制度、工作室发展规划等主要内容。学员们也就此次研修活动中的所得进行了深度研讨，并期待下一次的携手共研。

广东省刘媚名教师工作室、梅州市李贞珠名教师工作室联合研修活动开展得高效、有序。两日的研修学习让老师们进一步提高了自己的专业水平；同时也让两个工作室的学员和幼儿园全体教师研有所得、学有所获，在名师的引领下，聚力前行！

示范引领　助力成长

——梅州市乡镇中心幼儿园示范团队培育研修班
走进梅江区龙丰幼儿园

2020 年 9 月 14 日下午，2020 年梅州市乡镇中心幼儿园示范团队培育研修班学员到梅江市龙丰幼儿园观摩交流学习。梅州市李贞珠名教师工作室主持人、梅江区龙丰幼儿园李贞珠副园长热情接待了这些学员，并向他们的到来表示热烈的欢迎。

一进幼儿园大门，学员们就被具有浓郁客家文化气息的园所环境吸引，现代化大型游戏区角均用古色古香的纯木打造，并投放了农家特色材料，给人以恍若置身客家古镇的视觉冲击。进入幼儿园的教学大楼，科学、整齐的环境创设让人感觉非常舒适，与幼儿园的传统客家特色风格相得益彰。

9 月 14 日下午，研修班学员来到龙丰幼儿园五楼会议室进行经验分享与交流活动。广东省刘媚名师工作室主持人、梅州市李贞珠名教师工作室教研专家、梅江区龙丰幼儿园刘媚园长做了"用爱养育，用心教育——谈新办园如何打造品牌特色"专题讲座。刘媚园长为大家介绍了龙丰幼儿园的办园情况与特色，与学员们一起在交流中学习，在学习中共同成长。

随后，梅州市李贞珠名教师工作室主持人、梅江区龙丰幼儿园李贞珠副园长带领研修班学员参观了幼儿园整体园所环境，并观摩了幼儿园的户外区域游戏活动。在李贞珠副园长的带领下，学员们来到了幼儿性别平等美术作品展的面前。这些作品充分体现了幼儿园性别平等的教育理念，富有特色的环境创设点缀了整个幼儿园。学员们对幼儿园的户外环境赞不绝口，纷纷拿出手机和相机拍照，不错过园内的每一处风景。孩子们的户外区域游戏活动极为丰富，不仅有独具特色的客家舞狮、节奏明朗的非洲鼓、男孩女孩都参加的幼儿足球，还有传统的客家特色美食、清凉一夏的开心水池、创意积木搭建，等等。特色户外游戏活动让中、大班的每一位孩子都有机会参与，孩子们开心的表情感染着学员们，学员们也跃跃欲试。李贞珠副园长的介绍彰显出幼儿园的教育理念与特色，以及园内良好的育人环境。

示范引领，助力成长。这次的观摩学习虽然时间不长，但相信梅州市乡镇中心幼儿园示范团队培育研修班的学员都受益匪浅，相信他们今后会更加明确工作目标和方向，更好地突破自己。

共享名师资源　成长路上同行

——梅州市李贞珠名教师工作室开展送教活动

为扎实推动名师工作室建设，发挥名教师在教师队伍建设中的示范引领作用，提升乡镇幼儿园教师的教学水平，2020 年 9 月 28 日上午，梅州市李贞珠名教师工作室主持人率入室学员赴梅州市梅江区长沙镇中心幼儿园开展送教活动。

工作室学员首先观摩了长沙镇中心幼儿园的早操活动，随后听取了钟园长对园所文化的介绍，参观了幼儿园园容、园貌及班级环境创设。接着，工作室网络学员为大班的孩子们带来了社会活动"垃圾分类"和足球游戏活动"球儿快快跑"。张玲老师的社会活动"垃圾分类"，以直观的图片、趣味的操作、感性的律动，使孩子们在玩中学、玩中做，大大激发了孩子们参与活动的兴趣，既让孩子了解了垃圾分类的意义，又培养了他们的环保意识。陈洁妮老师的足球游戏活动"球儿快快跑"以巧妙的游戏设计、灵活自如的引导、有效的师幼互动，深深吸引着每一个孩子，让孩子们在游戏中学习，快乐中成长。两位老师的教学活动获得听课教师的一致好评。

精彩的教学活动后，工作室学员与长沙镇中心幼儿园的教师进行了现场交流研讨。工作室主持人李贞珠副园长首先对钟园长的热情接待表示感谢，希望能够有更多的机会与乡镇姊妹园共同研讨，进一步提升教师的专业能力；随后对该园的日常教学、环境创设等方面，与在座教师进行了交流。

本次送教活动，有效地搭建了城乡幼儿教育的桥梁，充分发挥了名教师工作室的专业引领、信息交流、资源共享等作用，对乡镇幼儿园教育教学活动的有效开展起到了推动作用，达到了城乡教师共同提升的效果。

以"问"助思　由"思"促学

——梅州市李贞珠名教师工作室主题网络研讨活动

金秋九月，秋兰飘香。2020年9月28日晚，梅州市李贞珠名教师工作室开展了一次主题网络研讨活动。活动主要围绕工作室主持人李贞珠副园长抛出的问题——"如何创设适宜的幼儿园环境"而展开。

《幼儿园教育指导纲要》指出："环境是重要的教育资源，应通过环境的创设和利用，有效地促进幼儿的发展。"环境建设是幼儿园教育重要的课程资源。在幼儿园的教育活动中，环境创设作为一种"隐性课程"，在开发幼儿智力、促进幼儿个性发展等方面具有不可低估的教育作用。

在研讨的过程中，学员们结合本园的实际，从环境创设材料的选择、环境创设呈现的方式等方面发表了自己的见解。

梅江区教师发展中心　黄畅：

环境创设要体现动态性，要随幼儿的能力、课程内容、季节、节日的变化而变化，让环境对幼儿来说始终保持新鲜感和吸引力。在每年的年检中，我都会着重留意各幼儿园的环境创设，发现绝大多数幼儿园都能及时更新，内容非常丰富。但也有极少数幼儿园环境创设几年一成不变，这样的幼儿园教育理念肯定跟不上学前教育前进的步伐，如再不改进，迟早会被社会、家长淘汰。

梅江区龙丰幼儿园　曾雪玲：

幼儿园环境创设要与教育目标一致，如我园开展了"庆国庆 迎中秋"的主题活动，用幼儿自己绘制的国旗和月饼图案来装饰班级墙面，用亲子制作的各种各样的灯笼装饰走廊；观察角则是根据秋天是丰收的季节，收集了板栗、柚子、花生、柿子、松果、土豆、番薯、芋头、西红柿、蒜头等，以充分体现幼儿园环境的教育价值。

蕉岭县实验幼儿园　黄琼芬：

在创设红色文化教育环境的时候，我园首先动员家长带领孩子参观本地的红色革命展馆，老师通过微课、视频、课件等形式讲述革命故事，教幼儿学念童谣、学唱红歌等，积累红色文化知识；其次，创设红色文化展板，贴上梅州市各县、区英雄代表人物的照片、使用过的物品等，引导幼儿绘画英雄人物、编织草鞋及创编红色儿歌、童谣等，进一步巩固红色文化知识；最后，迁移经验，通过英雄人物的先进事迹，培养幼儿自强、自立、爱国、爱家的优良品德。

兴宁市爱兴幼儿园　薛文婷：

我们爱兴幼儿园场地比较小，环境创设模式基本是教师制定主题，以主题框、主题墙为底，在教育活动、区域活动中把幼儿的痕迹展示出来；走廊吊饰和楼梯墙分级结合本学期创文创卫内容"小班生活习惯、中班文明礼仪、大班学习习惯"，以环保材料为主，自制一些符合幼儿年龄特点、通俗易懂的内容来营造氛围。平时的教育活动、区域活动以各种形式渗入到主题活动中，教师以拍照、记录表等方式展现。我园以后的环境创设方向是侧重于幼儿，充分以幼儿为主体，让他们协作商量来完成。

梅州市艺术学校　李宇卿：

对于创设适宜的幼儿园环境，我有以下三点建议：第一，亲近它。幼儿园所布置的环境应该整洁合理，要方便幼儿拿取，让环境和幼儿建立自然的关系。第二，支持它。环境布置要留有一定的空间给幼儿，让幼儿能够创造新的东西，材料的支持必不可少。第三，活起来。区域布置是创设幼儿园环境非常重要的一部分，除了根据我们计划好的主题，投放足够的材料以外，还应该及时地更换材料，让环境像水一样流动起来，促进幼儿的发展，满足幼儿学习的愿望。

梅江区龙丰幼儿园　吴莺：

在创设幼儿园环境时，不能一味追求美观，要考虑到环境的教育性，使环境创设的目标与幼儿园开展的活动教育目标相一致。在环境创设方面，幼儿园应为幼儿提供多领域的认知环境，要有助于促进幼儿的全面发展。区域环境的创设要服务于主题教育目标，遵循寓教于乐的原则，主要利用班级文化、墙面设计等进行展示，要充分考虑到幼儿的自主性，留给幼儿创设环境的空间，要让所有幼儿参与到环境的创设中来。在材料的选择上，可以充分利用本土资源，但要重视环保性与安全性。

梅江区文玉幼儿园　傅旭慧：

让每一面墙会"说话"，让幼儿与周围环境相互作用，是我们创设适宜的幼儿园环境的初衷。让幼儿能够操作、探索，并与之形成互动是环境创设的关键。在材料的选择上，可以选择环保、耐用的材料，比如塑料瓶、奶粉桶、易拉罐、碎布等；同时创新幼儿与环境互动的形式，而非以前简单地粘贴、连线与拼插。适宜的环境创设是幼儿学习与发展的重要资源，同时对幼儿的身心发展与健康成长起着潜移默化的作用。

梅县区实验幼儿园　李素红：

《幼儿园工作规程》明确指出："创设与教育相适应的良好环境，为幼儿提供活动和表现能力的机会与条件。"《幼儿园教育指导纲要》中也明确提出："环境是重要的教育资源，应通过环境的创设和利用，有效地促进幼儿的发展。"我们在实践中发现，环境的创设要与幼儿的发展相适应，要适合幼儿的兴趣、能力和学习方式，这样才利于幼儿走进和融入环境，自由、自主地活动。

梅州市直属机关幼儿园　谢艳芳：

我园在创设适宜幼儿的幼儿园环境中，始终遵循幼儿的身心发展规律，赋予环境教育价值，与我园的办园宗旨、特色教育、节日活动等相呼应。同时，各班级教师还根据本班幼儿的生活、行为习惯去创设最适宜本班幼儿的环境。例如，发现本班幼儿外出活动时爱捡小石子、爱带小珠子来园，老师会在班级环境创设中设计"百宝袋"，鼓励幼儿把自己的"小宝贝"放进去，不要随身携带。幼儿园的环境创设应该是服务于幼儿的，要成为孩子成长的一面镜子，照出孩子们精彩的幼儿园时光。

平远县实验幼儿园　杨柳平：

平远红色资源丰富，具有光荣的革命历史和优良传统，有被列入广东省

"红色村"党建示范工程的仁居村；广东首个红军纪念园——平远县红军纪念园麟石之战、红四军三进平远的历史；抗日英烈、书生悍将姚子青；中央苏区秘密交通线——马克思路、列宁路；谢屋红军墙标群旧址等等。依托这些红色资源，我们可以创设以"铭记光辉历史，传承红色基因"为主题的红色教育环境。利用生动、直观的环境，让苏区红色文化开启幼儿的心智，将英雄们的精神与勇气牢牢地镶进今日孩子的基因里，培养幼儿爱祖国、爱家乡的情怀。

梅江区萍聚幼儿园　余艳艳：

我认为幼儿园环境创设要遵循三个原则：一是环境创设必须符合幼儿的年龄特征，适合幼儿的身心发展水平，才能发挥环境对幼儿发展的促进作用。二是突出幼儿在环境创设中的主导地位。环境创设应该是教师与幼儿合作，幼儿以小主人的身份亲自参与，突出幼儿在环境布置中的主导地位。三是坚持因地制宜的原则。幼儿园应从实际出发，就地取材，坚持废物利用，为幼儿创设各种有利于发展其想象空间、创造力的活动区角。

活动最后，工作室主持人李贞珠副园长做归纳总结。李副园长指出，幼儿园环境创设要注意四个方面。1. 安全性：只有在安全的环境里，幼儿的生命获得保障，他们才能快乐地学习、成长。2. 全面性：物质环境与精神环境要齐头并进，发挥环境对幼儿身心发展的作用，促进教育活动目标的实现。3. 参与性：教师要激发幼儿参与环境布置、指导幼儿进行环境布置、引导幼儿欣赏环境布置。4. 可变性：经常变化、更新学习环境，能使幼儿想得多、看得多、体验深。

此次研讨活动中，工作室学员互相交流、且行且思，有效地提升了自我专业素养和教学水平。李贞珠名师工作室将继续发挥工作室的凝聚力作用，让更好的成长助力于每一位教师，让更好的教育汇聚于幼儿。

与秋相遇 丰收正当时

——梅州市李贞珠名教师工作室 2020 年第二次集中研修活动

秋色为伴，丰收正好。在这个浓浓的秋日里，为扎实推进省级、市级名师工作室建设，促进学前教育领域学术研究，共同探索幼儿园园本特色课程体系，2020 年 11 月 3 日，广东省刘媚名教师工作室、梅州市李贞珠名教师工作室联合举行 2020 年第二次集中研修活动。此次研修活动的内容包括观摩梅江区龙丰幼儿园第三届"丰收节"暨"客家童谣节"主题游戏活动，以及幼儿园客家文化研修。广东省刘媚名教师工作室、梅州市李贞珠名教师工作室、梅州市徐苑玲名园长工作室、梅州市魏锡连名园长工作室的幼教同人以及来自梅州各县、区幼儿园的园长和骨干教师共 300 多人观摩了此次活动。

广东省刘媚名教师工作室主持人、梅江区龙丰幼儿园刘媚园长和梅州市李贞珠名教师工作室主持人、梅江区龙丰幼儿园李贞珠副园长一起精心策划、组织了本次活动，并带领老师们利用各种环保材料装饰和布置环境，活动现场的环境到处充满着客家文化的气息。热闹非凡的丰收节活动得到了现场各县、区幼儿园园长和骨干教师的充分肯定和认可，有效地促进了各园所之间的相互交流，起到了示范引领作用。

　　下午，广东省刘媚名教师工作室、梅州市李贞珠名教师工作室、梅州市徐苑玲名园长工作室、梅州市魏锡连名园长工作室联合举行集中研修活动。活动邀请张惠玲老师为大家演唱了极具代表性的客家山歌。优美的旋律，嘹亮的歌声感染着在场的每一个人。张老师还邀请了刘媚园长和李贞珠副园长上台演唱山歌曲目。充满韵味和活跃的教研氛围深深带动了现场 50 多位老师的教研热情，让大家深切感受到了客家山歌的魅力。

　　传唱客家童谣，乐享丰收之喜。秋天是个处处蕴涵教育契机的季节，教育来源于生活，生活即教育。本次广东省刘媚名教师工作室、梅州市李贞珠名教师工作室联合举行的研修活动，不仅加深了工作室学员对幼儿园客家文化和传统客家山歌的认识，还让学员们感受了传统的农耕文化和秋收的喜悦，为今后的教育发展奠定了良好的基础。

倾听思索　启迪心智

——"第十一届华南国际幼教产业博览会"研修心得

　　带着期望、怀着激动的心情，2020 年 12 月 8 日至 11 日，我们跟随梅州市李贞珠名教师工作室主持人的脚步参加了"2020 中国幼教公益论坛暨第十一届华南国际幼教产业博览会"。此次论坛以学术引领、实践分享为主线，让我们更为全面地了解了中国及国际学前教育的最新理念与特色模式，极大地提升了我们的专业素养。

作为客家人，我对梅州市梅江区龙丰幼儿园刘媚园长的"创新开展幼儿园主题活动 有效传承客家文化"的主题讲座倍感亲切。刘园长是梅州市李贞珠名教师工作室的教研专家，她主要从梅州简介、传承客家文化的意义及重要性、在幼儿一日活动中如何渗透客家文化三个方面进行阐述。一张张活灵活现的照片、一段段精彩的视频，向我们形象地展示了梅江区龙丰幼儿园的教师是如何用行动传承客家传统文化的。看到视频里孩子们满心欢喜地打糍粑、割稻谷、采摘柠檬……我们知道了幼儿园新的课程资源在哪里；看到舞狮的孩子们铿锵有力、节奏分明的动作，我们明白了幼儿园的新游戏如何生成。

幼儿园课程建设是一项系统和长期的工作，对教育质量的提升具有决定性作用。在新时代，幼儿园应该如何打造园本特色课程，这是摆在所有幼儿园面前的一个新课题。时代佳英幼教集团高级培训讲师徐金冉老师给我们分享了专题讲座"自然教育如何成为园所的园本特色课程"。徐老师从"什么是自然教育""自然缺失症""自然缺失症的后果""孩子与自然""亲近自然入门""亲亲自然主题教学分享"等方面进行了精彩的演讲。在倾听中，我们真切地感受到了大自然是孩子们最好的课堂。如果没有真实的认知，没有与自然的接触，没有在自然中学习、探索、体验的经历，孩子的感觉和知觉都会受到影响，容易变得孤独、焦躁、易怒，在道德、审美、情感、智力成长中有所缺失。大自然是孩子学习知识、体验美与生命力的得天独厚的课堂。由此，我们应该创造条件让孩子去感知自然，体会自然的美丽和乐趣，让孩子在自然的怀抱中健康成长。

北师大教育集团学前教育中心首席数字运营顾问、园创笔记联合创始人周俊带来的议题"打造一所有故事的幼儿园——'新样态幼儿园'的数字建设实践"给我们留下了深刻印象。他给我们传递了一个新的理念：一所好的幼儿园需要有故事。因为一个有故事的幼儿园能反映出办园理念、育人过程，甚至是整个园所文化，所以，"有人性、有温度、有故事、有美感"的幼儿园是成功的"新样态幼儿园"。

相约广州，"幼"见未来；站在今天看未来，站在未来看幼教。我们又聆听了广州大学教育学院学前与特殊教育研究中心叶平枝主任的"从娃娃抓起的反思与变革"、华南师范大学教育科学学院郑福明副教授的"发展适宜性实践——基于有效教学的幼儿园课程建构"、佛山市顺德区机关幼儿园梁乐敏园长的"幼儿园爱国主义教育园本课程实践研究——顺德机关幼儿园创新课程之'红旗小军营'系列活动实践经验分享"、中共广东省委机关幼儿院潘虹院长的"在 STEAM 教育中支架幼儿的深度学习"、广东省育才幼儿二院蔡晓冰院长的"育苗成才 润物无声——岭南文化园本课程的探索与实践"等讲座。他们的教育理念、实践分享，不仅开阔了我们的视野，也充盈了我们的思想。

因为孩子，怀揣梦想的幼教人相聚在一起，聚精会神地聆听专家最新的教育理念和实践分享，在这场丰富的精神文化大餐里尽情地汲取营养和智慧，在满满的收获中也看到了自己的差距。在今后的工作中，我们将一如既往地沉下心来，用心教育，努力提升专业素养，在平凡的幼教岗位上做出不平凡的事。

兴宁市乡镇中心幼儿园园长、骨干教师
来园观摩学习暨梅州市李贞珠
名教师工作室研修活动

为发挥省、市名师工作室的示范引领、品牌辐射作用，提高幼儿教师专业发展水平，2020 年 12 月 25 日，兴宁市乡镇中心幼儿园园长和骨干教师共50 多人来到梅江区龙丰幼儿园进行观摩学习活动。

上午，梅州市李贞珠名教师工作室主持人、梅江区龙丰幼儿园副园长李贞珠带领兴宁市乡镇中心幼儿园园长和骨干教师参观了我园户外环境。他们表示，走进园区就被绿荫环绕的园所环境所吸引。随后，李贞珠副园长带领园长和老师们参观了具有客家特色的龙丰小镇、体验馆以及各个功能场室等，同时还向大家介绍了种植园——每个班分别种植一种蔬菜，幼儿每日进行观察、浇水及记录，让孩子们在种植活动中感受大自然的魅力，亲近自然，热爱大自然。大家对生机勃勃的种植园给予了高度的肯定。

上午 9：00，随着操场上的音乐声响起，每周一次的户外体能大循环活动时间到啦！李贞珠副园长向大家介绍：孩子们在户外体能大循环活动中，自主选择器械进行游戏，体验不同的游戏方式。这一活动让各年龄段的孩子都能在游戏中得到锻炼，同时给予孩子自主探究、提高能力的机会。

体能大循环活动结束后，孩子们回到教室进行特色教学活动，有舞狮、非洲鼓、足球活动、班级区域活动等，让来园参观的老师们纷纷驻足观摩学习。

下午，广东省刘媚名教师工作室主持人、梅江区龙丰幼儿园园长刘媚为兴宁市乡镇中心幼儿园园长和骨干教师带来了"用爱养育，用心教育——谈新办园如何打造品牌特色"和"园本教研助推教师专业化成长的研究"专题讲座。刘园长和大家分享了龙丰幼儿园的办园理念，阐述了如何挖掘客家资源，打造本土地域文化特色，还详细介绍了园所的发展历程，以及如何有效提升教师的职业感和幸福感。在座的园长、老师们认真聆听刘园长的精彩分享，若有所思、学有所悟、受益良多。

此次活动得到了来园观摩的园长、骨干教师的高度好评。我们将以此为契机，充分发挥名教师工作室的示范引领作用，进一步推进梅江区龙丰幼儿园品牌建设，为梅州学前教育的发展贡献力量。

"三人行　必有我师"

——梅州市李贞珠名教师工作室学员 2020 年第四次集中研修活动

"业精于勤荒于嬉，行成于思毁于随"。幼儿教师一定要不断学习，方能不断进步。为了进一步提高学员的业务水平，促进每位学员的专业成长，切实发挥名师工作室的示范、引领、辐射、带动作用，达到互相提高、共同进步的目的，梅州市李贞珠名教师工作室于 2020 年 12 月 22 日至 25 日进行了第四次集中研修、学员展示和送教活动。

第一天

12 月 22 日下午，工作室入室学员纷纷从平远、大埔、兴宁等县区来到龙丰幼儿园报到。

第二天

12 月 23 日上午，我们在工作室主持人李贞珠副园长的带领下，来到了学员傅旭慧园长所在的幼儿园——梅江区文玉幼儿园，受到了傅旭慧园长和蔡春连副园长的热情接待。我们兴致勃勃地参观了文玉幼儿园的园内环境，工作室主持人李贞珠副园长对幼儿园科学利用各个角落表示赞赏，并对墙面环境创设提出了极具针对性的建议。而后大家观摩了傅旭慧园长、平远县实验幼儿园杨柳平副园长和大埔县第二实验幼儿园钟超斐老师的公开展示活动。

傅旭慧园长展示的户外游戏"好玩的小脸盆"，将普通的小脸盆变成"独木桥""大石头""小小船""方向盘"等。一物多玩的游戏充分锻炼了幼儿的思维以及走、抱、摇、转、平衡等基本能力，更让幼儿体验到了与同伴合作游戏的快乐。

大埔县第二实验幼儿园的钟超斐老师带来了精彩的绘本故事《一根羽毛也不能动》。钟老师通过变魔术的游戏激发了幼儿的兴趣。孩子们通过观察画面，大胆猜想鸭子和鹅遇到考验时的心理活动。活动中，孩子们懂得了：虽然坚持很重要，但有时候也要懂得放弃；朋友比冠军重要，生命比坚持重要。

平远县实验幼儿园杨柳平副园长给大家展示了中班韵律活动"大象玩水"。快看，一只大象出来找朋友玩了！此起彼伏的音乐和生动有趣的情境串联起整个活动。教师引导幼儿积极创编大象玩水、摔跤的动作，甚至还邀请观课的老师一起加入游戏，把幼儿的情绪及整个活动推向高潮。这真是一节生动有趣的音乐游戏活动。

下午，我们来到了学员余艳艳园长所在的幼儿园——梅江区萍聚幼儿园。唐玉玲总园长和余艳艳执行园长热情接待了我们。在萍聚幼儿园，我们与两位园长交流了幼儿园的现状和发展规划并参观了园所环境。工作室主持人提出了一些可行性的建议。大家还观摩了李素红老师和余艳艳园长的公开展示活动。

梅县区实验幼儿园的李素红老师展示的是小班科学活动"磁铁找朋友"。活动中，幼儿手拿磁铁逐一验证哪些东西可以被磁铁吸引。李老师引导幼儿观察、实验、总结磁铁的特性，鼓励幼儿对磁铁进行探究。这个活动好玩又有趣，孩子们玩得不亦乐乎。

萍聚幼儿园的余艳艳园长分享了绘本故事《大熊的拥抱节》。在欣赏故事环节中，余老师采用让幼儿参与角色、表演故事等形式，创设了轻松愉快的活动氛围，并给予幼儿自由表达的空间。余老师还注意拓展故事的教育功能，利用故事内容对幼儿进行品德教育。

第三天

12月24日，是梅州市李贞珠名教师工作室学员展示活动的第二天。我们来到了工作室主持人李贞珠副园长所在的幼儿园——梅江区龙丰幼儿园。

首先，进行活动展示的是梅州市直属机关幼儿园的谢艳芳老师。她为中班的孩子们带来了一首动听的客家童谣歌《十五的月光圆又圆》。谢老师以问答的形式展开活动，带动孩子们积极地学唱童谣，传承客家传统文化。孩子们沉浸在谢老师美妙的歌声中，客家文化也随着快乐的音符一点一滴融入孩子们的心里。

接着，兴宁爱兴幼儿园的薛文婷老师和孩子们玩起了"猫捉老鼠"的游戏。薛老师的音乐游戏活动"顽皮的小老鼠"轻松有趣，她用生动有趣的语言讲述了猫和老鼠互相追逐的故事，瞬间调动了孩子们的兴趣。这种富有感染力的教学方法让孩子们在学中玩，玩中学。

梅江区龙丰幼儿园的吴莺老师是李贞珠名教师工作室助手，她展示了大班绘本故事《像狼一样嚎叫》。吴老师在活动中充分发挥幼儿的主体作用，动情的讲述和适时的提问，激发了幼儿对认知的渴望。活动动静结合，张弛有度，受到大家的一致好评。

最后是梅州市艺术学校李宇卿老师的综合活动"藏在哪里了"。李老师注重启发幼儿的思维，问题和情境设置层层递进。整个活动重难点突出，收到了良好的教学效果。

展示活动结束后，工作室主持人李贞珠副园长首先做了总结，并对学员的展示活动表示充分的肯定，随后对学员的活动进行一一点评，主张学员们在平时多学习、多思考、多总结，巧用各种教学方法，不断提升自己的专业素养。工作室教研专家刘媚园长表扬了学员们的亮点，也指出了不足之处，建议学员在教学形式上多样化。为期两天的学员展示活动给老师们提供了很好的学习交流机会，给学员所在园送去了精神食粮，充分发挥了名师工作室的示范、引领、传帮带作用。学员们也在现场观摩、交流研讨中开阔了视野，活跃了思维，得到很好的锻炼和成长。

第四天

　　工作室入室学员和兴宁市乡镇中心幼儿园园长及骨干教师一行 50 多人一起在梅江区龙丰幼儿园观摩半日活动，并聆听刘媚园长的专题讲座。

　　上午，梅州市李贞珠名教师工作室主持人、梅江区龙丰幼儿园李贞珠副园长带领大家参观了幼儿园户外的整体环境。走进园区，大家就对绿荫环绕的园所环境纷纷表示赞赏。随后，李贞珠副园长带领园长和老师们参观了具有客家特色的龙丰小镇、体验馆以及各个功能场馆等，同时还向大家介绍了种植园——每个班分别种植一种蔬菜，幼儿每日进行观察、浇水及记录，让孩子们在种植活动中感受大自然的魅力。梅江区龙丰幼儿园以客家文化为课程特色，无论是整个园所环境，还是每个班级的角落，处处彰显着幼儿园的办园特色和品牌建设。

　　户外体能大循环活动，由孩子们按意愿自主选择体育游戏项目，体验不同的游戏方式，让各年龄段的孩子在游戏中充分得到锻炼，给予孩子自主探究的机会，同时加强了幼儿之间的交往与互助能力。

　　体能大循环活动结束后，室内的特色教学活动，如舞狮、非洲鼓、足球活动、班级区域活动等，让来园参观的园长、老师们纷纷驻足观摩学习。

　　下午，大家聆听了刘媚园长的"用爱养育，用心教育"和"园本教研助推教师专业化成长的研究"两个主题讲座。刘园长向我们介绍了几个重要理念：一是作为客家人应该发扬和传承客家本土文化，她以龙丰幼儿园的实例证明了这一点；二是充分利用家长助教、社区人脉资源等来开展幼儿园的一些活动，颇有成效；三是管理人性化、合理化，她的管理理念是"制度先行、赏识有爱、激励成长"，整个幼儿园师资队伍（包括保卫、厨工）氛围融洽和谐，同心协力；四是以园本教研为切入点，引领教师共同成长进步。

梅州市李贞珠名教师工作室为我们提供了一个极佳的学习和展示的"舞台"。作为既是观众又是演员的我们，一路走来，一路收获。我们始终坚信，我们必将在这个"舞台"上不断演绎幼教路上的精彩作品。

交流互助　砥砺前行

——梅州市李贞珠名教师工作室、熊庆龙名校长工作室
联合研修活动报道

东风洒雨露，会入天地春。在这万物复苏、绽放生机的春天，梅州市李贞珠名教师工作室成员学习交流的热情似春风拂动，欣欣向荣。

为了加强学习与交流，为教师发展搭建一个学习和提升的有效平台，推进教师专业化成长，促进教学工作持续发展，2021年3月4日上午，梅州市李贞珠名教师工作室主持人李贞珠副园长，工作室教研专家、广东省刘媚名教师工作室主持人刘媚园长，工作室助手及梅江区龙丰幼儿园骨干教师，前往梅江区黄遵宪纪念中学与梅州市熊庆龙名校长工作室进行了跨学段联合研修活动。本次交流学习受到了梅州市熊庆龙名校长工作室主持人及其团队成员的热烈欢迎。

熊校长首先就黄遵宪纪念中学的校园建设做了详细的介绍。学校遵循

"明于识，练于事，忠于国"的校训，致力于培养"德、智、体、美、劳"全面综合发展的人才。

随后，梅州市熊庆龙名校长工作室主持人熊庆龙校长、广东省刘媚名教师工作室主持人刘媚园长、梅州市李贞珠名师工作室主持人李贞珠副园长就学校办学理念、教学模式、教研活动等进行了探讨和交流。在教育理念方面，熊庆龙校长做了毫无保留的分享。他提到，中学和幼儿园虽然是跨度比较大的两个学段，但教育理念是相通的，教育目的都是培养身心健康、自信的下一代，学校的教育更是离不开文化的浸润与熏陶。

刘媚园长分享了这次跨学段交流学习的收获，对黄遵宪纪念中学的办学理念及熊校长带领团队创新开展课题研讨取得的丰硕成果表示大大的赞赏。

梅州市李贞珠名教师工作室主持人李贞珠副园长提到，此次交流活动对工作室来说收获良多，希望今后能有更多的机会与熊校长的工作室沟通交流，实现资源共享，也希望熊校长能到龙丰幼儿园交流、指导工作。

留住此刻，两个工作室进行了合影留念，期待日后进一步交流学习。这一跨越学段的研修学习，进一步打开了工作室的视野，推动了工作室向深度发展，让我们在学习中交流，在交流中共成长。2021，梅州市李贞珠名教师工作室将继续前行，迈向辉煌的未来！

梅州市李贞珠名教师工作室2021年第一次集中研修活动暨省级课题开题报告会

2021年3月24日，梅州市李贞珠名教师工作室团队在梅江区龙丰幼儿园举行了2021年第一次集中研修活动。

上午，首先举行了工作室申报的广东省中小学教师发展中心、广东省学前教育师资培训中心2020年度中小学幼儿园教育科研立项课题"园本教研对幼儿教师专业成长的实践研究"开题报告会。开题会由工作室助手朱紫媛主持，特邀广东嘉应学院副教授、学前教育专业负责人、华东师范大学教育学博士于珍及梅州市教育局科研办黄昆鹏副主任、梅州市李贞珠名教师工作室教研专家刘媚园长亲临指导、评议。工作室入室学员和龙丰幼儿园骨干教师参加了会议。

会上，课题负责人李贞珠副园长就课题的选题背景及意义、研究基本思路和方法、研究内容等进行了清晰、详细的阐述。黄主任、于珍博士两位专家先后对课题进行了科学、有针对性的点评，并重点对研究目标、研究内容和研究方法以及如何有效、创新地开展课题研究工作提出了指导意见，帮助课题组理清了课题开展思路，也为课题研究指明了方向。

近年来，互联网带来了教学手段的变革，为提高入室学员和老师们运用信息技术的水平，李贞珠副园长邀请了广东梅县外国语学校信息中心葛小英

主任给大家做专题讲座"优芽互动电影"（如何设计好微课）。葛主任从专业的视角讲述了什么是微课、好微课的标准、优芽互动电影以及如何设计好微课，重点为大家现场演示了如何运用优芽互动电影制作微课，并现场指导老师们实操。老师们个个学得不亦乐乎，意犹未尽，纷纷表示希望下一次葛主任还能带来专业的培训指导。

书籍是人类进步的阶梯。为了鼓励学员们多读书、读好书，把理论和实践更好地结合，工作室还举行了"名师赠书"仪式。李贞珠副园长把幼教专业成长丛书《爬上豆蔓看自己》赠给了工作室学员。学员们手捧赠书，激动不已，心里是满满的暖意。会议室顿时弥漫着一股淡淡的书香，相信老师们一定会认真阅读，拓宽视野，丰盈心灵。

下午，嘉应学院于珍博士为大家作"幼儿园课程创编的三种模式"专题讲座。于珍博士用她充满亲和的语言魅力感染了在场的园长、老师们，通过讲解课程的重要性以及幼儿园课程的界定，为老师们今后的课程内容明确了方向。于博士还详细阐述了领域活动（课程）、主题活动（课程）、方案教学（项目课程）等具体活动的内容，让在座的园长、老师们受益匪浅。

时光荏苒，岁月如梭。转眼，李贞珠名教师工作室已经走过了一年。回顾总结，展望前行，为了充分发挥名师的示范、引领作用，提高学员们的教学水平和教研能力，扎实推进工作室课题的研究工作，推进工作室阶段性成果的呈现，李贞珠副园长组织学员们一起探讨了新学年的研修学习模式，指导各位学员开展课题研究，并布置了新学期的学员任务。她希望在新的一年，学员们能学有所获，学有所成，一起迎着朝阳，继续携手并肩前行，奔向更美的远方!

　　短短的一天时间里,学员们"行程"满满,"旅途"愉快,收获颇丰,真切感受到名师引领前行的动力。新起点,新突破,相信在一群有智慧、有梦想的幼教精英的共同努力下,工作室课题定会早日结出硕果,工作室也定会有更多的精彩活动呈现。

名师会名师　交流共成长

　　为了开阔教师的视野,促进园所间的交流学习,更好地发挥名师的示范、引领作用,3月26日上午,梅州市范欢云名园长工作室主持人、大埔县田家炳实验幼儿园范欢云园长率工作室团队和幼儿园骨干教师来到梅江区龙丰幼儿园与李贞珠名教师工作室进行联合研修交流活动。

　　一大早,梅州市李贞珠名教师工作室主持人李贞珠副园长热情接待了范欢云园长团队。而此时,正是龙丰幼儿园孩子们一周一次的户外体能大循环游戏活动时间。宽敞的大操场、各种各样的器械,独具特色的客家民间游戏吸引着老师们的眼球。老师们纷纷掏出手机拍照记录,年轻的老师更是跃跃欲试。

　　龙丰幼儿园的孩子们是幸福的,因为这里不仅玩得开心,也学得多。户外游戏好玩、有趣,室内活动也是丰富多彩。大班非洲鼓、足球游戏;中班舞龙舞狮、打击乐;小班唱歌跳舞、体育游戏,多热闹、多欢乐呀!来龙丰,

当然要去龙丰小镇看看、玩玩。龙丰小卖部、龙丰服务中心、龙丰剧场、龙丰美食，令老师们目不暇接，羡慕不已。

而后，名师团队聚集在五楼会议室交流、反馈。李贞珠副园长首先对龙丰幼儿园的教育理念、教学特色活动以及师资情况等做了简要介绍。对此，范园长说："龙丰幼儿园开办不到五年，能有今天这样的成绩真是令人佩服、赞叹，更值得大家好好学习。"会议还就一些课题的开展情况进行了交流、探讨。

研修有尽时，学习终无涯。每一次的研修活动都是我们学习的好机会，亦是我们前进的动力。交流是一种收获，分享是一种快乐，让我们一起在学习的路上，向阳向美，越走越远！

梅州市李贞珠名教师工作室 2021 年第二次集中研修活动

红色基因代代传，童心向党迎百年。2021 年，是中国共产党成立 100 周年。为培养幼儿"爱党、敬党"的爱国主义情怀，结合李贞珠名教师工作室申报的"苏区红色文化融入学前教育的理论与实践研究"课题，把红色文化教育更好地融入幼儿园教育中，并进一步践行"足球从娃娃抓起"的运动理念，2021 年 4 月 29 日上午，龙丰幼儿园举行了童心向党"足"梦龙丰——梅江区龙丰幼儿园庆祝建党 100 周年暨足球嘉年华活动。活动邀请了梅州市李贞珠名教师工作室、刘兰名教师工作室、王丹霞名教师工作室和平远县俞源秀名园长工作室团队约 50 人前来观摩。

"五星红旗迎风飘扬，胜利歌声多么嘹亮……"首先登场的是中一班带来的非洲鼓表演《歌唱祖国》。孩子们用稚嫩的童声、欢快的鼓声表达着心中的爱国之情。接着，大二班的"小红军"们神采奕奕地向舞台走来，闪闪的红星、标准的动作、嘹亮的歌声，传达着孩子们对红军英雄的崇拜和敬仰。

之后的师幼合唱《我和我的祖国》更是把活动推向了高潮，每一位老师和幼儿在歌声中都心潮澎湃、情绪激昂，唱出了对祖国妈妈的热爱。

活动现场，游戏当然是少不了的。老师们精心设计了将红色文化教育与足球相结合的游戏，如"小小火炬手""飞夺泸定桥"等。一个个趣味十足而又充满挑战性的团队游戏，让孩子们在玩中了解红色革命历史故事，传承红色基因，使他们明白今天的幸福生活来之不易。师幼传拍大足球，活跃了现场的气氛，孩子们欢呼雀跃，纷纷举起双手把大足球抛向半空，放飞着他们小小的足球梦，不久的将来他们的足球梦想定会实现。

最后，活动在全园师幼深情合唱《童心向党》中结束。老师和孩子们挥舞着手中的五星红旗和向日葵，唱响中国共产党的辉煌历程，共同祝愿我们伟大的祖国更加繁荣昌盛，人民生活幸福安康！

家园合作，和谐共进。为加强爱国主义教育，实现家园同步教育，梅江区龙丰幼儿园还举办了"童心向党"海陆空国防武器亲子作品展，让孩子们在与家长一同创作的过程中，了解国防知识，懂得要保护我们的国家。相信这不仅仅是一次手工制作活动，更是一次意义深远的爱国主义教育活动。

孩子是祖国的花朵，是祖国的未来，这次活动在孩子们心中根植了永不褪色的红色爱党、爱国情谊，让他们感受到足球的魅力。相信一颗颗红色的爱国种子已在悄悄发芽，一个个成为足球名将的小梦想已经启航，让我们共同期待祖国的花朵齐绽放！

活动结束后，四个工作室团队聚集在五楼会议室进行了研修交流活动。李贞珠副园长表示，今天的活动因大家的到来而精彩，希望大家多提宝贵意见和建议，也希望今后能加强工作室间的联合研修，相互学习，共同进步。

观摩交流齐提升　名师引领共成长

——梅州市李贞珠名教师工作室2021年第三次集中研修暨送教送培活动

五月，春末夏初。炎炎烈日也抵挡不了我们学习的热情。为充分发挥名教师的示范、引领、辐射作用，助力提升园长的业务管理能力和教师的专业水平，搭建幼教同人交流、学习的平台，2021年5月14日，梅州市李贞珠名教师工作室主持人李贞珠副园长带领入室学员前往兴宁市文峰幼儿园，开展2021年第三次集中研修暨送教送培活动。兴宁市教师发展中心曾宇副主任、学前教研股黄柳平股长、各镇（街）中心幼儿园园长和骨干教师代表及宁新片区内民办幼儿园园长共130余人参加了此次活动。

本次研修活动主要有三部分内容：第一部分是观摩；第二部分是学员课例展示；第三部分是名教师专题讲座。

一、观摩活动

上午，工作室一行人来到了环境温馨的兴宁市文峰幼儿园，受到了该园赖静红园长等人的热情接待。在赖园长的带领下，工作室学员参观了幼儿园，观摩了室内区域活动、早操活动和户外体能大循环活动。文峰幼儿园于2019年9月开园，是一所成长中的新办园。李贞珠副园长对文峰幼儿园办园近两年来所取得的成绩表示赞赏，并就如何引领新教师专业成长方面提出了建设性的意见和建议。

工作室学员分组观摩了文峰幼儿园教师带来的小、中、大班公开观摩活动。观摩结束后，工作室主持人和学员结合课例对活动进行了精彩的点评。

随后，赖静红园长从幼儿园的基本情况、办园理念、办园特色等方面向大家做了详细介绍。

二、学员课例展示活动

下午，工作室学员黄琼芬老师给大家带来了课例展示活动——大班创意阅读《春天是什么》。黄老师用一首轻快、形象的歌曲引入一年四季中的春天，通过视觉、听觉引导幼儿感受春天的万物变化。小朋友们积极地参与到黄老师组织的活动中，感受到了春天的美。

三、名教师专题讲座

梅州市李贞珠名教师工作室主持人、龙丰幼儿园李贞珠副园长进行了"未来可期——幼儿园教师专业成长的路径"专题讲座。李副园长从自身的专业成长经历说起，将提升个人专业能力与业务管理工作经验分享给园长和骨干教师们。李副园长提到"热爱幼教事业、把握机会、迎难而上"，希望大家认真汲取这几个字的力量，不断发光发热。

李副园长以梅江区龙丰幼儿园为例，分享具体工作的开展方法，从日常教学到创新教研，从教师能力提升到分管业务管理，从家长助教到家园配合，从传统课程到主题活动，通过一个个实践事例、一场场精彩活动，采用图片与视频相结合的方式，生动、详细地分享了她在工作中的具体做法和宝

贵经验。大家认真聆听，仔细记录。一个半小时的讲座飞逝而过，获得了在场园长、老师们的一致好评。

　　一天的集中研修时间虽短，但内容精悍，学员们和参加活动的园长、老师收获颇丰。愿我们不负青春，不负韶华，努力成长为自己想要的样子，让我们一同期待梅州幼教满园花开的日子！

联谊研修　携手同行

——记梅州市李贞珠名教师工作室 2021 年第四次集中研修活动

　　"一年好景君须记，正是橙黄橘绿时。"在收获的金秋季节，2021 年 10 月 28 日至 29 日，梅州市李贞珠名教师工作室组织学员进行为期两天的集中研修活动。为了更好地促进工作室主持人、学员间的沟通与交流，助力提升教师的专业发展，工作室联合梅州市徐苑玲名园长工作室共同进行这次研修活动。两个工作室近 30 名学员参加了活动。

一、观摩送教，尽显风采

　　28 日上午，工作室主持人李贞珠副园长带领学员们驱车来到蕉岭县实验幼儿园。徐苑玲园长及其团队给予了热情的接待。工作室一行人首先参观了

园容、园貌，观摩了体能大循环活动。孩子们在活动中的出色表现成为园里一道亮丽的风景线。

随后，工作室一行人观摩了足球活动"奥特曼打怪兽"和科学活动"皮影配对对"。傅静楠老师组织的足球活动，让孩子们在游戏中体验到玩足球的乐趣，有趣的师幼互动、精彩的教学情境，使孩子们的协调性、灵活性得到了更好的发展；曾瑞忻老师的科学活动意在引导孩子们了解中国传统文化，以直观形象的图文、丰富有趣的操作，让孩子们在"玩中学，学中玩"。

观摩结束后，两个工作室团队进行了深入的交流和研讨。李贞珠副园长对徐园长团队的精心准备和热情接待表示衷心的感谢，并对老师们善于利用废旧物创设出浓郁的客家文化、足球文化环境表示赞赏。两个工作室的主持人、学员互相交流，各抒己见，在交流研讨中碰撞出思维的火花，在教学教研途径和方法上达成了共识。

下午，两个工作室的成员来到蕉岭县文福镇中心幼儿园进行送教活动。李贞珠名教师工作室学员钟超斐给大家展示了大班体育游戏"好玩的圈圈"。钟老师亲切自然的教态、丰富的肢体语言吸引着孩子们，邀请老师们参与到游戏中来这一环节更是让孩子们欢呼雀跃。整个活动充分激发了孩子们的想象力和创造力，提高了动作的灵敏性和协调性，得到了现场观摩老师们的一致好评。

此次送教活动拉近了城乡幼儿园之间的距离，相信定会给文福镇中心幼儿园的小朋友们留下一段美好的回忆。

二、参观交流，携手并进

29 日上午，李贞珠名教师工作室与徐苑玲名园长工作室一行人来到省级幼儿园——梅县区实验幼儿园。吴小苑副园长代表行政班子欢迎大家的到来，并介绍了活动流程。随后，在黄映梅园长及行政人员的带领下，工作室一行人参观了幼儿园的环境，观摩了早操、区域活动和户外体能大循环活动。

幼儿园弥漫着丰收的喜悦气息，农作物、客家食材应有尽有；科学走廊以"航天航空"为主题的环境布置，传递出教育的美感和强大的中国力量。

活力满满的早操、丰富多彩的区域活动、多样化的户外体能大循环游戏……孩子们在优美的环境中呼吸着新鲜空气，在阳光下尽情地锻炼着身体，享受着幸福快乐的童年！

三、友谊长存，期待花开

两天的集中研修圆满结束，时间虽短，但内容精悍。两个工作室的联谊活动增进了各县区幼儿园之间的联系，充分发挥了名师的示范、引领作用，让学员们认识了更多业内优秀的同行者。今后，我们定会携手同行，一同期待梅州幼教满园花开！

心怀感恩　向阳花开

——记梅州市李贞珠名教师工作室 2021 年第五次集中研修活动

踏着冬日的暖阳，迎着北风的微凉，梅州市李贞珠名教师工作室于 12 月 14 日至 17 日组织工作室学员进行为期四天的集中研修活动。工作室学员在主持人李贞珠副园长的带领下，在四天的时间里与两个工作室相互交流，走访了五所幼儿园，开展了两次送教活动。

一、互相交流，共筑幼教愿景

大埔县田家炳实验幼儿园是梅州市范欢云名园长工作室主持人所在的

幼儿园，两个工作室的学员相聚在一起，互相交流、学习。在参观园所环境时，学员们能感受到园所对客家童谣、客家舞狮的文化传承。正如李贞珠副园长所说："室内外环境让幼儿处处感知客家文化，田家炳实验幼儿园用实际行动传承了优秀的客家传统文化。"学员们一起观摩了该园邓老师的音乐活动"大鼓小鼓"，并开展了热烈的评课活动。两个工作室的学员各抒己见，在交流研讨中碰撞出思维的火花，在教学教研途径和方法上达成了共识。

大埔县翰林幼儿园是一所民办幼儿园，汪园长带领她的团队向学员们展示了美食、农耕等客家文化。在交流活动中，学员们感受到了该园教师在用心地创设每一个角落，引导幼儿用不同的方式把大埔的特色文化展现在每一面墙上，帮助幼儿积累生活经验，满足幼儿成长的需要。

梅县区第二实验幼儿园是梅州市王丹霞名教师工作室主持人的所在园。走进幼儿园，让学员们感到惊喜的是它的环境创设和小朋友们自主游戏时欢愉的笑容。整个幼儿园充满了童趣色彩，让学员们感受到了幼儿是环境的主人。在交流环节中，王丹霞园长介绍了办园理念和办园思路。虽然该园开园还不到一个学期，但学员们能充分感受到在名师引领下团队努力工作的劲头。

二、送教下乡，提升办园质量

枫朗镇中心幼儿园位于大埔县坎下村，在送教活动中，李贞珠副园长就如何根据幼儿的年龄特点创设适宜的环境，如何利用有利的本土资源进行乡土文化、红色文化教育等活动进行了指导。工作室的学员们在交流中也提出了一些中肯的建议。梅州市李贞珠名教师工作室入室学员谢艳芳老师还展示了一节公开课：舞狮游戏"小狮子过河"。谢老师将舞狮的步伐、方位、表

演、情绪等融入活动中，给幼儿真切体验的同时，让幼儿喜欢上了舞狮这一传统艺术活动。

在梅江区三角镇中心幼儿园，学员们观摩了幼儿早操活动，参观了园容、园貌。李贞珠副园长和学员们都说该园无论是外部的环境创设，还是内部的功能场室设置、教室的区域创设都提升了一大步。在交流中，李贞珠副园长也指出了该园环境需要改进的地方，并提出相应的意见与建议。李贞珠名教师工作室助手吴莺老师给大家展示了公开课：音乐活动"小豌豆和大青虫"。吴老师用形象生动的豌豆荚、动感的音乐、丰富的肢体语言引导幼儿认识小豌豆的生长过程。小朋友们在有趣、愉快的气氛中积极地参与游戏活动，获得在场老师们的好评。

三、党史教育，铭记光辉历史

为铭记革命历史，传承红色基因，结合工作室成员开展的教研课题"苏区红色文化融入学前教育的理论与实践研究"进行党史教育活动，12月15日，梅州市李贞珠名教师工作室一行来到了革命传统红色教育基地、梅州市爱国主义教育基地——闽粤赣边区革命历史陈列馆和中共南方工作委员会旧址，重温红色记忆，共同感受革命年代所积淀的精神和力量。

展馆中一幅幅图片、一件件文物和一个个故事，让大家更加深刻地领会到我们党所经受的曲折和磨难、革命的艰辛和伟大，更加直观地感受到革命先烈不怕牺牲、顽强斗争的高贵品质，深切体会着革命事业和幸福生活的来之不易。大家纷纷表示，将以此次活动为契机，在深入开展党史学习教育中接受精神洗礼，从红色文化中汲取前行力量，坚持锤炼自己的党性，牢记初心使命，做新时代的优秀幼教人。

四天的时间里，多种方式的交流、沟通，让我们感恩遇见李贞珠名教师工作室团队，感谢主持人引领我们一路探索、一路前行，为幼儿的健康成长，坚定信念，努力前行。

第二章

课题研究中成长

　　一分耕耘，一分收获。名教师工作室是我们学习成长的平台，在这里，我们交流着，研究着，申报了省级、市级课题。这是我们无数思维火花碰撞的结果，是我们对职业理想的追求。

苏区精神（广东）研究中心招标课题

"苏区红色文化融入学前教育的理论与实践研究"开题报告

梅州市梅江区龙丰幼儿园　李贞珠

一、国内外研究现状评述

学术界对红色文化的研究为数众多，如红色文化教育、建设、旅游、产业、资源、氛围等。在有关红色文化教育的研究中，高校、中小学以及幼儿园如何利用与学习红色文化的研究为数较多，主要表现在以下几个方面。

1.红色文化的教育意义

有研究者认为，红色文化有利于对学生进行爱国主义教育、集体主义教育和革命传统教育，促使学生树立正确的人生观、世界观、价值观，对学生的内心健康和事业成长起着巨大的推动作用。利用红色资源加强对学生的革命传统教育是一个很好的方法。（谢爱林，2007）

有研究者认为，开展红色教育是努力践行社会主义核心价值观的需要；发扬红色文化是加强立德树人需要；传承红色精神是创设特色校园文化的需要。（张娟，2019）

有研究者认为，红色教育是幼儿德育教育的重要组成部分。特别是依托当地红色资源的红色教育更有亲切感、更有可信性、更富感染力。红色教育传递的是一种为了革命利益、人民的幸福不畏艰难险阻、不怕流血牺牲的正能量，它可以有效地弥补当前家庭教育、学校教育的缺陷。（林秀娟，2014）

2.红色资源的利用

红色资源包括革命遗址、纪念场馆、烈士陵园；包括战争故事、革命歌曲及其孕育的革命精神；还包括至今依然健在的老红军、老战士、老民兵等。

这些红色资源是对学生进行传统教育的宝贵财富。

还有一些研究者对红色文化融入幼儿园课程进行了研究。他们认为，幼儿园结合课程开展红色文化教育，应该考虑幼儿的接受程度，教师应多注重让幼儿初步感知革命传统、中华民族精神和新时代的社会主义核心价值观等文化，通过综合运用多种手段引导幼儿萌发相关的情感体验，拉近幼儿与红色文化的距离。

综观现有的实践与研究，将红色文化渗透在幼儿园教育活动中的实践是零散的，也没有集中于苏区红色文化渗透在幼儿园教育活动中的实践研究。

二、选题意义

1. 理论意义

（1）探索苏区红色文化在幼儿园课程建设中的作用。

（2）丰富苏区红色文化的教育理论。

2. 实践意义

（1）开展苏区红色文化教育是努力践行社会主义核心价值观的需要。

（2）发扬苏区红色文化教育是加强立德树人的需要。

（3）传承苏区红色文化精神是创设特色校园文化的需要。

三、选题的价值

梅州是著名的文化之乡，又是广东唯一全域被认定为原中央苏区范围的地级市。我园地处苏区，有丰富的红色文化资源、众多的红色文化遗产和光荣的革命传统与苏区精神。《幼儿园工作规程》指出，幼儿园教育的主要目标之一是萌发幼儿爱祖国、爱家乡、爱集体、爱劳动、爱科学的情感，培养诚实、自信、友爱、勇敢、勤学、好问、爱护公物、克服困难、讲礼貌、守纪律等良好的品德行为和习惯，以及活泼开朗的性格。"苏区红色文化融入学前教育的理论与实践研究"这一课题试图充分利用梅州苏区红色文化顽强的生命力，强大的凝聚力、感召力等正能量，将苏区红色文化中蕴含的精神与培养幼儿的道德品质、社会行为等方面联系起来，重在净化心灵，激发动力，促进幼儿良好习惯的养成，使幼儿受到苏区红色文化精神的熏陶，从而发展坚强、自力更生、艰苦奋斗等各种非智力因素，使幼儿得到全面和谐的发展。

四、本课题研究的主要内容

1. 符合幼儿身心特点的苏区红色教育活动。

2. 创设苏区红色教育活动的校园环境。

3. 家园、社区合作开展苏区红色实践活动。

五、本课题的研究重点、难点

1. 研究重点：以加强和改进幼儿思想道德建设为宗旨，以重点实施苏区精神和红色文化教育为出发点，将苏区红色文化知识与幼儿的现实生活相结合，组织幼儿走进自然，近距离接触苏区红色文化，在真实的环境中获得有益于身心发展的生活经验和知识技能，促进幼儿了解苏区精神、红色文化，体验红色文化。

2. 研究难点：探索一套适合苏区幼儿红色教育的课程体系和教育模式。

六、本课题的创新之处

1. 综合利用多种教育手段，实施苏区红色文化教育。从环境熏陶、一日活动和主题活动的开展、家园合作、幼儿园与社区协同等多种角度精心设计多种形式的教育活动。

2. 利用社区文化资源，建立多位一体的教育模式。充分利用课题组成员所在园周边的叶剑英纪念园、梅州市革命历史纪念馆、大埔三河坝战役纪念园、梅南九龙嶂革命根据地旧址群、中央红色交通线大埔中站旧址、红四军平远仁居旧址群、蕉岭县红色历史文化纪念长廊等红色文化资源，开展相关教育活动，构建多元的教育模式。

七、本课题的研究方法

1. 文献研究法：搜集有关红色资源在幼儿教育中的相关资料。

2. 问卷调查法：了解教师、家长对苏区红色文化的了解程度、关心程度。

3. 行动研究法：教师通过组织各类幼儿教育活动，如唱红歌、讲红色故事、创设红色文化环境、红色旅游等，针对教育活动和教育实践中的问题，在行动与研究中不断地探索、改进工作，反思调整教育活动的组织形式，解决实际教育问题。

八、课题研究过程

1. 准备阶段（2020.06—2020.08）

成立课题研究小组，召开课题组全体成员会议，明确本课题研究的目的和意义。学习有关理论，运用文献研究法搜集有关红色资源在幼儿教育中的相关资料，了解红色资源在幼儿园教育活动中的重要性；运用问卷调查法了解教师、家长对苏区红色文化的了解程度、关心程度。借鉴已有成果，寻找新的突破点，联系实际，撰写研究方案，做好申报前的各项准备。

2. 实施阶段（2020.09—2021.04）

（1）课题开题，开展有关苏区红色文化的专家专题讲座，组织开展课题研究的教师学习、收集、挖掘教育教学资源，提高课题组成员开展课题教研的综合素质和教研能力。

（2）课题组成员根据幼儿年龄特点及《3—6岁儿童学习与发展指南》目标要求，在幼儿园各项活动中渗透苏区红色文化教育。

（3）设计、收集、整理活动设计、活动方案、论文，在指导专家的指导下，完善各项教育活动。

3. 总结阶段（2021.05—2021.06）

收集、整理课题研究的各项资料，项目负责人及主要成员分工撰写结题报告，印制《苏区红色文化渗透在幼儿园教育活动中的实践研究论文集》，组织相关的结题验收工作。

九、课题研究的组织机构与人员分工

1. 成立课题组织机构

主持人：李贞珠

其他成员：刘媚、李素红、杨柳平、薛文婷、钟超斐、李宇卿、曾雪玲、傅旭慧

2. 具体分工

李贞珠、刘媚：成立组织机构，筹措保障研究经费，确保课题研究工作顺利进行，具体安排研究任务，撰写相关研究材料。

李素红：落实、督促、实践、检查课题组成员认真完成各项工作；小班级活动的具体负责人。

薛文婷：做好实践、对接工作以及活动图片、影像资料的收集工作；中班级活动的具体负责人。

曾雪玲：负责实践、课题研究过程中全部资料的收集、整理工作；大班级活动的具体负责人。

李宇卿：负责排练节目、开展游戏活动。

钟超斐、傅旭慧：负责绘制绘本、家园互动活动方案设计等。

十、课题的预期成果

（一）本课题的预期成果

1. 研究报告。

2.《苏区红色文化教育活动设计集》。

3.《苏区红色文化渗透在幼儿园教育活动中的实践研究》论文，约5000字，完成时间是2021年3月。

4.《苏区红色文化在幼儿园课程中的作用》论文，约5000字，完成时间是2021年6月。

梅州市教育科学研究课题

"信息技术背景下园本教研对青年教师专业成长的实践研究"开题报告

梅州市梅江区龙丰幼儿园 李贞珠

一、研究背景

近年来，信息技术的飞速发展与广泛运用，给现代的幼儿教育带来了前所未有的巨大冲击，也为幼儿教育打开了一扇神奇的信息之门。随着信息技术的不断发展，信息技术环境下的教学已经成为现代幼儿教育的重要表征，教师通过提高信息素养来进行业务提升已成为教师专业化发展的实际需要。信息技术已成为教师专业发展的工具和平台，并且正在改变着教师教学与研究的方式。然而，许多幼儿园往往只停留在对教师进行技术方面的培训，关注点往往局限于"专业知识"层面，也就是技术的基本知识和技能，而并未重视"实践性知识"，也就是如何将信息技术有效地应用到教育教学中，更缺乏将信息技术与教师专业化发展二者相结合的研究。如何将现有的信息技术理论素养、学科知识、现代教育技术手段相融合，使教育工作真正走向专业化、信息化、艺术化，使教师能够从"能干的教书匠"逐步成长成为"专业的教育家"呢？我们期盼在实践中不断提升自己的信息素养，发挥现代教育技术手段的优势作用，促进教师的专业化发展，使我们的教育工作得以不断优化改进。

我园是一所新办的公立幼儿园，开园近三年来发展较快，从开始的 5 个班到现在的 9 个班，现有幼儿 350 人，所有教师都在 35 岁以下，平均年龄为

31 岁。培养青年教师是我园急需解决的问题，依靠老教师传、帮、带的做法显然不适合我园。幼儿园有完善的网络信息环境，年轻教师信息技术素养基础较好，在这样的背景下，我们提出利用信息技术来促进青年教师专业化发展。如何运用信息技术环境促进青年教师专业成长，是我们必须思考和面对的问题。我们希望通过本课题研究，能形成一套行之有效的方法，从而使青年教师快速成长。

二、本课题研究的意义和价值

本课题在园本教研的指导下，从园本教研的视角来研究幼儿教师的专业成长，不仅梳理而且丰富和发展了此领域的相关理论知识。同时，本课题重在结合幼儿园园本教研的实际，以我园为个案，对我园园本教研具体实施的过程和方法进行研究，进一步探讨幼儿教师专业发展的途径。

1. 理论意义。园本教研是促进幼儿教师专业成长的有效途径，也是幼儿教师将教育理念转化为教育行为的重要手段和方法。因此，对园本教研促进幼儿教师专业成长进行研究，能丰富和发展学前教育教学理论。

2. 实践意义。从教育实践层面来看，本课题立足于幼儿园教学实际，探索园本教研开展过程中幼儿教师的发展变化，弄清信息背景下园本教研如何提升青年教师专业成长。这有利于提高广大幼儿教师的素质，有利于研究共同体的形成，真正提升幼儿教育教学质量。

三、国内外研究现状述评

1. 有关园本教研的研究。国内对园本教研的概念、形式、制度、特点、价值、评价、存在问题、提升策略方面进行了研究并形成了完备的体系。

如对园本教研的概念界定的研究。朱家雄和许多学者认为，园本教研是指让幼儿园教师做"教学研究"，即要求幼儿教师对自己或他人的教学进行研究。赵志毅把园本教研看作是以幼儿园为游戏、教学的基地，以解决幼儿园在改革中面临的具体问题为对象，以幼儿教师为研究主体，以促进幼儿健康、活泼、充分发展，促进教师专业成长为目的的研究活动。陈伙平认为园本教研是以幼儿园为研究基地，以办园质量的全面提高为目标，以解决幼儿园实际问题为起点，选择切实可行的研究方法进行的教育科研实践活动。

如有关园本教研价值的研究。许多研究者认为，园本教研为幼儿教师的专业成长带来了一种新的方式和发展视角。园本教研强调幼儿教师作为主体性的个人参与和积极反思，又对幼儿教师的理论学习和实践操作相结合提出了巨大的挑战。幼儿教师是顺利、持续开展园本教研的关键，也是提升幼儿园教学质量的保证。

还有园本教研在幼儿园出现的一些问题以及如何更好地"落地生根"问题的研究，等等，都较为完备。

2. 运用信息技术进行园本教研的研究。

有研究者认为，通过课题研究，开展教科研活动，提高教师信息技术运用水平和能力，加速教师专业化的成长的进程。课题研究促进了教师信息技术水平和能力的提升，提高了教育教学活动的质量，促进了教科研活动的开展。信息技术在全园得到了很好的运用和推广。教师不仅在艺术活动中较好地使用多媒体课件教学，在其他学科的教学中也广泛应用，有效地促进了幼儿园教科研活动的开展和教师专业水平的提升。（李丽，2016）

还有研究者总结了信息化背景下幼儿园教师专业成长的模式，具体包括健全幼儿园教师管理制度，鼓励教师结对帮扶共同成长；创建学习型集体，拓宽网络学习平台；多渠道拓宽信息技术平台，促进教师交流与学习。（赵美华，2017）

四、概念界定

信息技术是管理和处理信息所采用的各种技术的总称。它主要是应用计算机科学和通信技术来设计、开发、安装和实施信息系统及应用软件。它也常被称为信息和通信技术，主要包括传感技术、计算机技术和通信技术。信息技术的应用包括计算机硬件和软件、网络和通信技术、应用软件开发工具等。

园本教研是以幼儿园存在的教育问题作为研究对象，以改善和提高幼儿园管理和教育质量，促进师幼共同发展为目的的教育研究活动。

五、研究目标

1. 使教师能够利用信息技术进行个体学习，充实教学理论，促进教师个体自觉进行探索性的教育行动。

2. 利用网络共享、办公平台等实现教师小组共同体的备课和教学研讨，挖掘教师的智慧，进一步提高教师的教育教学技能，引领教师专业发展。

3. 探索出具有园本特色的教师专业发展模式，探索信息技术与青年教师专业成长相结合之路。

4. 探索一条能促进教师专业化发展的新途径，使教师能够熟练地运用网络、电脑等技术，从而促进教师专业知识和专业技能的发展，使教师真正成为具有信息素养和信息技术能力的新型教师。

六、研究内容

1. 教师信息技术素养与信息技术能力的内涵。

2. 教师专业化发展的内涵。

3. 如何将掌握和运用信息技术变成教师的自觉行为，有效地开展信息技术与学科整合的实践。帮助教师提高将信息技术应用于教学中的教学设计水平，积累相关教学经验和优秀教学案例。

4. 青年教师信息技术与专业化成长研究。

5. 探索在信息技术环境下，有效促进教师专业成长的有效模式。

七、研究方法

1. 文献研究法：利用信息技术，从不同层面、不同学科多角度开展比较研究，把握国内外研究动态，借鉴已有的研究成果和经验教训，防止重复研究，避免走弯路。

2. 问卷调查法：利用网络信息技术调查了解教师信息素养的基本状况，调查了解教师专业化成长现状，为课题研究探索丰富依据。

3. 行动研究法：将教师教育教学行动与教师的课题研究结合起来：计划—行动—考察—反思（即总结评价）。

八、课题研究人员分工

1. 成立课题组织机构课题。

负责人：李贞珠、黄畅

课题成员：刘媚、赵翎、朱紫媛、李智、吴莺、罗雅欢

2. 具体分工：

（1）李贞珠、黄畅：保障研究经费，确保课题研究工作顺利进行，撰写课题申请书、开题报告、中期报告、研究报告，负责与课题指导专家交流及对课题推广实施监督。

（2）刘媚：负责全园各类活动的实施工作安排，指挥课题组成员完成相关研究工作，保证课题有序进行。

（3）朱紫媛、吴莺、李智：负责对课题活动的前期调查，对课题课程活动进行评价，并提出有效的改进措施。

（4）赵翎、朱紫媛、吴莺、罗雅欢：一线骨干教师及班主任，既是组织者，又是实践者，参与实践研究的全过程，负责各级青年教师专业成长的具体实践研究工作，课题结题前每位成员撰写或发表一篇相关内容的论文。

九、进度、预期成果

	序号	研究阶段（起止时间）	阶段成果名称	成果形式	承担人
主要阶段性成果	1	2018年11月—12月准备阶段	课题申请书	申请书	李贞珠 课题组成员
	2	2019年1月—4月实施阶段	开题报告、专题讲座	开题报告书	李贞珠 刘媚 课题组成员
	3	2019年5月—2020年7月实施阶段	课题实施方案、中期研究报告、课件资源库	实施方案、活动设计、中期研究报告、课件资源库	吴莺 各班主任 课题组成员
	4	2020年8月—10月总结、提升阶段	结题报告、论文	结题报告、论文	课题组成员
	5	2020年11月—12月结题阶段	完善结题研究报告	研究报告	李贞珠 刘媚 朱紫媛

十、经费

　　我园是一所公办幼儿园，上级领导非常重视幼儿园的各项活动。幼儿园有充裕的专项资金用于课题研究，每年按时拨付资金用于课题研究和教师培训。幼儿园不但提供足够的经费保证课题的正常开展，幼儿园行政人员和教师队伍还会克服一切困难参与课题研究，确保课题顺利结题。

2019年4月29日

广东省中小学幼儿园教育科研课题

"园本教研对幼儿教师专业成长的实践研究"开题报告

梅州市梅江区龙丰幼儿园　李贞珠

一、国内外研究现状述评，提出选题的背景及意义

1. 国外研究现状

国外幼儿园重视园本教研对幼儿教师专业成长的影响，且不同国家和学者有不同的做法。如意大利瑞吉欧教育主张教师在教育教学中必须以研究的态度和成果来推动与幼儿日常的互动，以有效的研究方式（纪录的方式、合作研究的方式、自我反思）、健全有力的研究组织、给予教师合理的研究时空、专家的参与等方式来促进自身专业发展。美国华德福教育主张通过个性教研、课程教研、教学教研来促进教师专业成长。高瞻课程是目前世界上公认的主流学前课程之一，其核心理念在于主动参与式学习，将"计划—工作—回顾"作为课程特色。此课程模式下，幼儿园教师是幼儿主动学习的推动者，关键经验的创生者，"计划—工作—回顾"环节的引导者。蒙台梭利教育法对幼儿教师的定位是：幼儿教师都应成为幼儿有准备环境的创设者、幼儿活动的观察者、幼儿活动的引导者。从以上国家及学者的研究可以看出，国外的园本教研注重从幼儿教师自身的研究态度、方式、组织保障等促进幼儿教师的专业成长。这样的教研观念对我们的课题研究给予了借鉴和指导。但它们大多是不同国家从宏观层面对"学前教育教学研究"进行的概括和总结，而非具体化的幼儿园教研工作。

2. 国内研究现状

国内研究从园本教研的概念、形式、制度、特点、价值、评价、存在问

题、提升策略等方面进行了研究并形成了完备的体系。

如对园本教研的概念界定的研究。朱家雄和许多学者认为，园本教研是指让幼儿园教师做"教学研究"，即要求幼儿教师对自己或他人的教学进行研究。赵志毅把园本教研看作是以幼儿园为游戏、教学的基地，以解决幼儿园在改革中面临的具体问题为对象，以幼儿教师为研究主体，以促进幼儿健康、活泼、充分发展，促进教师专业成长为目的的研究活动。陈伙平认为园本教研是以幼儿园为研究基地，以办园质量的全面提高为目标，以解决幼儿园实际问题为起点，选择切实可行的研究方法进行的教育科研实践活动。

如有关园本教研价值的研究。许多研究者认为，园本教研为幼儿教师的专业成长带来了一种新的方式和发展视角。园本教研强调幼儿教师作为主体性的个人参与和积极反思，又对幼儿教师的理论学习和实践操作相结合提出了巨大的挑战。幼儿教师是顺利、持续开展园本教研的关键，也是提升幼儿园教学质量的保证。

还有对园本教研在幼儿园出现的一些问题以及如何更好地"落地生根"问题的研究，等等，都较为完备。

3. 研究背景

园本教研是幼儿园最大限度地落实《幼儿园教育指导纲要（试行）》的有力保障。毫无疑问，园本教研是促进幼儿教师专业成长的一种重要手段或外部条件；而幼儿教师自身的专业发展既是推动园本教研开展的直接动力，也是园本教研持续开展的必然结果。理论研究和实践表明，园本教研为幼儿教师专业成长搭建了重要的平台。目前，园本教研正如火如荼地进行。但当我们静下心来，以理智的心态审视园本教研活动时不难发现，其中还存在着园本教研的研究流于形式、研究水平原地打转、研究成果缺乏梳理等问题。那么，园本教研能否促进幼儿教师的专业成长？如果能，又是如何促进幼儿教师专业成长的？在实践中开展什么样的园本教研才能够有效地促进幼儿教师的专业成长呢？这些已成为幼儿教育研究领域急需解决的问题。

4. 研究意义

（1）理论意义。园本教研是促进幼儿教师专业成长的有效途径，也是幼儿教师将教育理念转化为教育行为的重要手段和方法。因此，对园本教研促进幼儿教师专业成长进行研究，能丰富和发展学前教育教学理论。

（2）实践意义。从教育实践层面来看，本课题旨在探索出能够提升幼儿教师驾驭教育教学工作的能力和水平的方式。本课题立足于幼儿园教学实际，从幼儿教师的教学观念、教学反思能力、教学行为、教学研究能力的变化这四个方面探索园本教研如何促进幼儿教师专业成长。这有利于提高广大幼儿教师的素质，有利于研究共同体的形成，真正提升幼儿教育教学质量。

二、本课题研究的基本思路、方法及研究内容

1. 本课题研究的基本思路和方法

本研究计划采用文献分析法、访谈法、个案分析法，旨在通过访谈法的深入性和灵活性对研究对象进行个性化访谈，探寻出园本教研开展的现状及存在的问题，为幼儿教师的专业成长提供有效策略；通过个案分析法更好地解读园本教研对促进幼儿教师专业成长的个案特征及问题产生的原因，有助于幼儿教师选择适当的教研策略与方法，促进教师的个性化专业成长。

（1）文献分析法

研究小组将在图书馆、期刊阅览室、中国知网等资料来源地查阅相关文献，通过对文献资料的梳理，分析园本教研产生、发展的历史脉络和改革创新的实践手段。在此基础上，本课题计划对园本教研进行实证研究，分析园本教研促进幼儿教师专业成长的有效性。

（2）访谈法

本课题采用访谈法，对园长、幼儿教师及相关教研负责人进行访谈，了解幼儿园开展园本教研的现状、存在的问题及解决策略，从而深入分析园本教研对促进幼儿教师专业成长的重要性。从园长和幼儿教师的访谈资料中可以获取与园本教研息息相关的研究信息。

（3）个案分析法

通过对某一幼儿园教研制度、教研主题、区域活动的材料探究、幼儿教师的自我反思等内容的分析总结，真实地了解幼儿园园本教研的开展情况。

2. 本课题研究的基本内容

通过出外培训、园本培训、团队协作、专家指导等，制定园本教研对幼儿教师专业化成长的实践研究实施方案。

本课题研究的重点：探索有效而可行的园本教研路径。

本课题研究的难点：构建园本教研对幼儿园教师专业成长的模式。

3. 本课题研究预期价值

（1）本课题研究的理论创新之处

①结合本园教师开展园本教研的实际情况，通过问题—设计—行动—反思，形成特色的园本教研经验。

②对幼儿园开展园本教研的路径进行探讨，并提出科学合理的对策建议，提升幼儿园教师专业素养。

（2）本课题的实际应用价值

①引领教师通过反思性教学，在寻求对事件、情景、问题的理解中，通过回顾—分析—假设—验证—总结的循环往返的过程，提高实践的有效性，提升教师专业素养。

②引领教师成为学习者、研究者，在研究中学习，在学习中成长。

③形成园本教研对幼儿园教师专业成长的模式。

三、本课题的实施步骤

1. 准备阶段（2020.08—2020.09）

（1）整理课题申报相关资料，完成课题申报立项。

（2）查找国内外关于园本教研的理论文献和相关资料。

（3）撰写申报书。

2. 实施阶段（2020.10—2021.09）

（1）继续收集和整理相关资料，撰写课题文献综述。

（2）通过问卷调查，了解园本教研对幼儿教师专业化成长的影响。

（3）采取小组研讨、交流互动、观摩分析、参观访问、外出学习汇报、师徒结队、听讲座、研课、磨课和反思进行园本教研。

（4）逐步完成相关论文并公开发表。

3．总结阶段（2021.10—2021.12）

（1）完成研究报告。

（2）成果提交鉴定。

四、完成项目的可行性

课题负责人是幼儿园高级教师、名师工作室主持人，主持了市级教研课题"如何在幼儿园有效开展快乐足球活动的研究""信息技术背景下园本教研对青年教师专业成长的实践研究"，作为课题组第一成员参与了省级课题"园本课程教材'客家民间文学的开发研究与实践'""园本化教研助推教师专业成长的研究"和市级课题"幼儿园开展性别平等教育的实践研究"。《管窥幼儿教师专业成长路径》《提升幼儿教师专业技能促进幼儿教师专业成长》《浅谈幼儿诚实品德的培养》《浅谈幼儿孝敬长辈的美德培养》《快乐足球，健康成长——浅谈幼儿园开展快乐足球活动的作用》等近十篇论文分别获得省级、市级、区级一、二等奖并发表。课题主要成员主持了多项省级、市级教研课题，十多篇论文分别获省级、市级一、二等奖并发表。

幼儿园有充裕的专项资金用于课题研究，每年按时拨付资金用于课题研究和教师培训，全力保证研究经费的投入，购买一批相关书籍、光盘等资料，并邀请专家到幼儿园做专题讲座，确保课题研究的顺利开展。

五、课题组成员分工

姓名	研究专长	分工情况
李贞珠	教育教学设计	开题报告 研究报告
黄琼芬	师资培训	制定教研制度

姓名	研究专长	分工情况
朱紫媛	文字撰写	制订实施方案
吴莺	教学活动设计	收集观察记录
黄畅	新教师培训	园本培训
谢艳芳	方案设计	案例分析
余艳艳	文字撰写	整理论文

六、研究工作进度和预期研究成果

	序号	研究阶段（起止时间）	阶段成果名称	成果形式
主要阶段性成果	1	准备阶段 2020.08—2020.09	课题申请书 课题实施方案	申请书 实施方案
	2	实施阶段 2020.10—2021.09	开题报告 教研随笔	开题报告 教研随笔
	3	总结阶段 2021.10—2021.12	《园本教研对幼儿教师专业成长的实践研究》论文集	论文、研究报告
	完成时间	最终成果名称	成果形式	预计字数
最终成果	2021年11月	《园本教研对幼儿教师专业成长的实践研究》研究报告	研究报告	3000
	2021年12月	《园本教研对幼儿教师专业成长的实践研究》论文集	论文	10000

第三章

实践操作中成熟

　　世界客都，中国梅州。梅州是客家历史文化遗产的聚集地，一个个生动有趣的客家俗语故事，一处处风景独特的客家文化旅游胜地，一次次丰富多彩的教育活动，带领大家走进红色苏区梅州，领略美丽的世界客都。

客家故事

人话蛇，蟋嗦蛇

屏幕前的大朋友、小朋友们，大家好！我是梅江区龙丰幼儿园的李老师。今天，我用客家话给大家讲一个故事，故事名叫"人话蛇，蟋嗦蛇"。"人话蛇，蟋嗦蛇"是什么意思呢？你们听了这个故事，就知道了。

从前，有几个人晚上在门口乘凉，月光朦亮，便没再点灯火。大家说说笑笑，十分热闹。正谈笑间，有个人起身去小便，忽然觉得脚下绊着一条又冷又滑的东西，便惊叫声："哎哟，蛇哥！"侧面一个人，连忙跳起来也惊叫道："是蛇哥，刚才我还听到'蟋嗦'声（蟋嗦声，意为蛇游动的响声）！"又一个人也随声附和，添油加醋地说："这里是有蛇的，前天三伯婆还说，她的小鸡仔被蛇哥吃了呢！"于是，大家慌作一团，都怕踩着蛇被咬了。有个人却不声不响，起身去点了一盏灯，来现场一照，哪里有什么蛇的影迹，原来是一条井桶索，又湿又滑。刚才只不过是虚惊一场。那个说踩了蛇的人很不好意思，而那些随声附和的人，却说起了风凉话。这个说："咳，我说'蟋嗦'声，是吓你的，这大门口哪里会有蛇呢！"另一个则说："三伯婆的鸡仔是给鹞婆吊去的吧，她说是被蛇哥食了，我是想，也有可能吧，其实也没亲眼见到的。"那个去点灯火的人一听感到好笑极了，便对他们说："你们呀，就习惯随声附和，人话蛇，你们就话蟋嗦蛇；上街喊打老鼠，下街就喊打了一条大老虎！大家都像你们这样，还有什么是非可分，还像什么世道！"说得那些人羞得不敢出声。

我们客家人笑那些凡事不做调查研究而随声附和的人，就说他"人话蛇，蟋嗦蛇"。

大朋友、小朋友们，现在你们知道"人话蛇，蟋嗦蛇"是什么意思了吗？

人话蛇，蟋嗦蛇（李贞珠）

泮坑旅游风景区

　　小朋友们，大家好！我是梅江区龙丰幼儿园的朱老师。我是客家人，我爱讲客家话。

　　小朋友们，你们知道梅州有哪些好玩的地方吗？嗯……我猜大家一定会说客家公园、客天下、爱丽丝庄园，等等，因为这些都是我们幼儿园小朋友们跟老师一起去过的地方。今天，朱老师还想跟大家分享一个富有客家文化特色的地方——泮坑旅游风景区。你们去过吗？

　　泮坑旅游风景区位于梅城三角镇，素有"梅南胜境"的美誉，是假日休闲旅游的好地方。来到泮坑，我们第一眼看到的就是客家文化长廊。这条长廊非常长，有 3000 多米。长廊的旁边还有一条鹅卵石砌成的小路，赤脚走在上面，十分舒服。很多人都喜欢来这里散步，小朋友也很喜欢，因为这里既安全又好玩。漫步在长廊上，非常凉爽，因为这里两边都是山，中间还有一个湖泊。一阵阵微风吹来，非常舒服。

　　其实，这条长廊是很有客家味道的，你们知道为什么这么说吗？朱老师发现，长廊两边的墙上写着很多客家童谣、客家山歌、客家歇后语、客家谜语等，不知道去过泮坑的小朋友有没有发现呢？而且这些客家山歌、客家童谣、客家谚语、客家谜语等没有一个是重复的。走累了，停下来念念客家童谣，唱唱客家山歌，十分有趣哦！

　　除了长廊，泮坑还有一个大草坪也很好玩。很多家长都会带小孩子来这里野餐。一家人坐在湖边看看风景、聊聊天、吃点零食，真是幸福啊！但是，小朋友们要注意一定不能去玩水哦！

　　如果你们喜欢爬山的话，泮坑有一座山，叫高观音。高观音很高很高，爬到山顶，可以俯瞰整个梅城的风景，非常漂亮。

泮坑旅游风景区（朱紫媛）

　　泮坑不仅有很多好玩的，还有很多好吃的客家小吃，比如：肉丸、味酵粄、荞粄……想着都很想吃哦。

听完朱老师的分享，小朋友们，你们心动了吗？想不想跟着爸爸妈妈一块去泮坑走一走呢？快让爸爸妈妈带你们去领略泮坑的美妙风景吧！

百侯薄饼

小朋友、大朋友们，大家好！我是大埔县第二实验幼儿园的钟老师。我是客家人，我爱讲客家话。今日，我向大家介绍的是广东省梅州市大埔县百侯镇传统小吃——薄饼。

小朋友们，好吃的薄饼，你们知道是怎样做出来的吗？让钟老师来告诉你：首先，薄饼师傅在圆形木盆中给面粉加上一些盐水，用力揉搓至软韧黏结后，用手抓起面粉团，重重地摔在木盆里，发出"嘭嘭嘭"的响声；如此反反复复进行百十次后抓起一小团面团，快速地涂擦在放置在熊熊炉火上的专用平底铁镬里，叠成一块块圆形薄饼皮，饼皮薄如纸，透明晶亮；最后将炆熟的肉丝、豆腐干、豆芽、香菇、虾仁等馅料放在饼皮上，将薄饼捆好就可以品尝了。

百侯薄饼皮韧馅香，口感柔软滑润，风味独特。小朋友们，很好吃的薄饼，你们想吃了么？快快带上你们的家人一起来百侯镇吃薄饼吧！钟老师在百侯等你来哦！

百侯薄饼（钟超斐）

讲得三国来，豆腐烧撇一锅

小朋友们，大家好！我是萍聚幼儿园的余老师。今天想和大家分享一个客家谚语故事——《讲得三国来，豆腐烧撇一锅》。

传说，客家某地有个"三国迷"，最喜欢讲三国故事。一讲起三国，他就不顾一切。此人是做豆腐的。有一次，一个朋友来闲坐，谈起三国的事，引起一场争论。那个朋友说，"火烧赤壁"时，曹操是带八十二万兵马下江南。但他听了不同意，说曹操是带八十三万兵马。因为，曹操在进军途中，叫曹洪带了一万去赤壁后面埋伏，总数应该是八十三万才对。那个朋友却坚持说："总之到了赤壁的才八十二万。"两人争得面红耳赤，谁也不服谁。此时，他正在煮豆浆，因争论三国问题，忘了看火。他老婆闻到豆浆烧焦的气味，赶快跑来对丈夫说："咳，老鬼，还吵什么哩，你闻闻，什么味道？讲得三国来，豆腐都烧撇一锅！"他一听不以为然地斥道："咳，一锅豆腐算得什么，我这里人马都差了万打万，你赔得起吗？！"

现在，客家人嘲笑那些只会空谈、不顾实际的人，就常说："讲得三国来，豆腐烧撇一锅！"

讲得三国来，豆腐烧撇一锅（余艳艳）

三及第汤

　　大家好，我是蕉岭县实验幼儿园的黄琼芬老师，今天和大家一起分享蕉岭美食——三及第汤。

　　分享之前，我们来看一段小视频。（视频内容：有一天，一位退居广州的御史前来探访林召棠。刚巧林召棠正在喝汤，御史便问他喝的是什么汤。林召棠知道老御史盼望儿子能科举高中，因此，指着那汤恭敬地回答"及第汤"。御史喝过及第汤后，回到家里便命厨人依法炮制，精心熬制及第汤给儿子喝。后来，他的儿子果然高中状元。御史大喜过望，逢人便讲及第汤的好处。在科举举世的时代，状元、榜眼、探花为殿试头三名，合称三及第。后人就把猪肉、猪肝、猪粉肠三种猪内脏比作三及第，三及第汤也由此得名。清末，三及汤第被本地科考秀才带回蕉岭。如今，凝聚着蕉岭人独特饮食情结的三及汤第，实实在在地融入了蕉岭人的生活。）因为有视频当中的典故，所以大家更喜欢喝三及第汤了。

　　喝三及第级的时候，我们可以配上一碗米饭、一小碟酱料，味道很是新鲜。传统三及第汤的原材料主要包括猪肝、瘦肉、猪粉肠等，其他辅料可根据个人的口味进行调整。

　　制作的时候，先将猪肝、瘦肉切成薄片，猪粉肠刮净，肠内异物洗净，切成一段一段的，把薯粉及红糖拌入切好的瘦肉中。食材准备好之后，就可以煮了。煮的时候，我们先在煲里放入汤水，加入咸菜、糟汁，待汤水滚沸时加入枸杞叶，再加入猪肝、瘦肉、粉肠调味，滚煮到刚熟时候盛在碗里，三及第汤就做好了。

　　现在三及第汤已经成为蕉岭饮食的名片，在蕉岭境内，有200多家早餐店、夜宵店都有三及第汤。三及第汤已经成为焦岭饮食行业一道亮丽的风景，吸引了众多游客来品尝。这就是我分享的蕉岭美食"三及第汤"。

三及第汤（黄琼芬）

雁南飞旅游度假村

　　小朋友们，你们好！我是来自文玉幼儿园的傅老师。今天老师向大家介绍一个我们梅州的旅游景点，相信很多小朋友同爸爸、妈妈去过这个景点。是哪个景点呢？它就是位于梅县区雁洋镇长教村的雁南飞旅游度假村。

　　雁南飞旅游度假村是我们粤东第一家 5A 级旅游景区。景区背靠阴那山省级风景名胜区，以茶文化为主题，处处群山环抱，百花繁盛，茶田叠嶂，四季如春。

　　雁南飞神石是度假村的标志性建筑，上面刻有"雁南飞、茶中情"六个大字。"雁南飞"这个富有诗意的名字寓意我们客家人对"北雁南飞"的认同；"茶中情"表达了雁南飞以茶文化为内涵，与茶结缘，以茶会友，以茶传情。

　　今天我们重点了解一下景区内的围龙大酒店。围龙大酒店建筑工艺精湛，获得了全国建筑工程最高奖——"鲁班奖"。之所以能取得这么高的荣誉，是因为围龙大酒店采用客家建筑独特的建筑理念，是根据客家围龙屋的反围龙结构建造的。大酒店建筑面积 12000 多平方米，楼高六层，从大堂进入直接到第四层，上下各三层，采用钢筋砼框架结构，食府和游廊采用人工挖孔桩基础，其余建筑采用天然地基、独立基础。酒店采用大量细木工板作为室内装饰材料，这也是该工程建筑设计的一大特色。木装修精工细作，做到木面平整光滑，接缝均匀，套割吻合，线条流畅平滑顺直。

　　小朋友们，下次你们再到雁南飞度假村时，可以认真地去欣赏一下围龙大酒店的建筑工艺，也希望你们将景区这么美的风景和建筑介绍给好朋友和家人，宣传我们梅州的美景，让更多的游人走进梅州、了解梅州，领略我们客家文化！

雁南飞旅游度假村（傅旭慧）

六十六，学唔足

屏幕前的大朋友、小朋友，大家好！我是兴宁市文峰幼儿园的薛老师，今日给大家讲一个客家话故事——《六十六，学唔足》。

从前有个老伯，年已六十六，自称从来没有上过别人的当。

一日，他抱着个小孙子赴圩，行到一个酒店前，忽然碰上一个后生。那后生对他喊道："哎呀，老姐公（即外祖父），好久不见！"老伯举目细认，觉得此人似熟非熟。正踌躇间，那人又笑道："不认得我啦？你叔伯侄女的满女，就是我阿叔的外甥的老婆哩，算起来，我还要叫你姐公呢！"老伯一想，忙道："对对对。"

那后生更加热情道："正好我今天卖猪，我俩就此同醉两杯吧！"那后生把老伯拉入饭店，要了好酒好肉，对饮起来。酒肉将尽，那后生忽然想起什么，从老伯手中接过孩子说："哎呀，我真没礼貌，让老人家抱孩子。"对饮了半杯，他偷偷捏了孩子一下，孩子哇地大哭起来。

那后生说要到前边买个布娃娃给他玩。谁知这一去，到散圩了还不见回来。老伯无奈，只好掏空腰包付了酒菜钱后到处去找孙子。他走到一家肉铺前，孙子正在里边玩耍，忙上前去抱。卖肉的小伙计把他拦住说："刚才你的儿子来割了三斤猪肉，留下这孩子作当，至今还不见他拿钱来……"老人一听，叫苦不迭道："真是六十六，学唔足，阿公教（换）酒孙教肉！"

这个故事告诉我们：活到老学到老，不轻易相信别人，才不会上当受骗。

六十六，学唔足（薛文婷）

赣南美食——荷包胙

大家好！我是梅江区实验幼儿园的吴老师。我的老家在江西省赣州市，现在我就用我们赣南的客家话来给大家介绍一个赣州本地的美食——荷包胙。

小朋友们，今天吴老师给你们带来了一样好吃的东西，它的名字很有意思，叫作荷包胙。这个荷包胙是用新鲜晾干的荷叶包裹腌好的五花肉制作而成的，吃起来有荷叶的香味，也有猪肉的软烂，令人回味无穷。讲起这个荷包胙，还有一个故事呢！相传，乾隆时期在我们赣州大余，有个人中了状元，十分欢喜，就请家里的亲戚朋友来吃饭。因为主人中的是"状元"，当天煮饭的厨师就用本地的荷叶把腌过的猪肉包成"状元帽"的样子，再拿到甑上蒸，一直蒸到烂，还没吃大家就闻到阵阵香味了。等到菜一上来，大家都说十分好吃。从那个时候起，这个荷包胙就逐渐出名了。今天，我们在办喜事的时候都会做这个菜。

小朋友们，你们想尝一尝这个美食"荷包胙"吗？欢迎你们和爸爸妈妈一起来江西赣州游玩，吴老师在这里等你们哟！

赣南美食——荷包胙（吴莺）

平远黄粄

　　屏幕前的朋友们，大家好！我是平远县实验幼儿园的杨老师。今天我为大家介绍一种客家美食——黄粄。黄粄是客家人，尤其是我们平远人逢年过节的必备品，用来招待和赠送亲友，备受人们喜爱。据调查考证，"平远黄粄"流传至今已有 400 年历史。

　　黄粄的主要原料是禾米和黄粄树枝。禾米是糯米中特有的品种，吃起来有种独特的香味，因产量很少，一年一稻，所以要吃上正宗的黄粄并不容易。黄粄的制作方法也颇有讲究：①去山上采集上好的黄粄树枝烧成灰；②把这种树枝灰用干净的布包好放在桶中用水泡，制成灰水，同时加入黄枝子调色用；③将禾米（黄粄专用米）洗干净，然后放在水中浸泡数小时或前一天晚上开始浸泡；④把浸泡好的禾米放在甑饭里蒸成米饭（俗称饭甑饭）；⑤把禾米饭从饭甑里取出，随后加入灰水并不断地搅拌均匀至金黄色；⑥放回饭甑里再蒸半小时（也有地方为了省事，在浸泡禾米时直接用前面制好的黄粄水浸泡，避免两次蒸煮）；⑦将蒸好的米饭放在石臼中，用木槌大力捶打成糊状；⑧最后用手捏成长条或者是团块状。这样，金黄色的黄粄便制成了。

　　黄粄具有健脾消食的作用，吃法也多种多样，例如：切成小粄条，配以爆香的鱿鱼丝、瘦肉丝、冬笋丝、冬菇丝、蒜苗丝，做成香气诱人的炒黄粄，这是远近闻名的客家美食；把黄粄切片，与猪肉、猪肝等食材一同放入锅中煮熟，味道十分鲜美；把黄粄切片，放入锅中油炸，再配上一些酱料，非常香；将黄粄捶打成糊状之后，把黄粄捏成比饺子皮稍厚的粄皮，包入馅料，再放入锅中蒸熟，做成口感独特的酿黄粄。所以，黄粄无论是炒、煮、炸、酿，都是独特的美味。

　　朋友们，听完我的介绍，是不是马上就想买黄粄来尝一尝了呢？

平远黄粄（杨柳平）

目眉毛，垫好看

　　大家好！我是龙丰幼儿园的曾老师，今天给大家讲一个客家俗语故事——《目眉毛，垫好看》。客家人对子女多而不贤孝的，或碰着类似的事情，就会抱怨说："目眉毛，垫好看的。"这句话有个来历：

　　从前，有个人家，夫妻生了四五个孩子，都辛辛苦苦养大了，有的出门做工，有的做生意，家里只剩下一个耕田的。人家说出门的孩子都赚了钱，但总是终年不回家看望父母，连钱也不寄，耕田的孩子出息不大，年老父母生活照样辛苦。老头子越想越有气，便同时写了几封信，分别寄给出外的孩子们。信的内容很简练：老父病危，见字速回。孩子们接到信，惊惶不已，都以为阿爸病得很严重，若不快速回去，不知还能否见到面呢？

　　于是，孩子们都及时赶回老家来了。谁知一到家中，阿爸却在大门口坐着，神色自若，一点病情也看不出来。孩子们都感到诧异，阿爸不是在信上说"病危"吗？没人敢去问阿爸怎么回事。大儿子望着阿爸，见阿爸把眉毛剃得精光，心里觉得奇怪，便小心问道："阿爸，你怎么把目眉毛都剃光了？"阿爸没好气地答道："目眉毛，再多也是垫好看的，有也当过无！"此话一出口，孩子们才如梦初醒，原来阿爸是怪怨自己兄弟们不贤、不孝、不顾家哩！于是，他们赶忙跪在阿爸膝下，表示悔过，并商量以后一致尽心赡养父母。

　　这个故事告诉我们，人要懂得感恩、孝敬父母。

目眉毛，垫好看（曾雪玲）

卖笠麻，顶打顶

小朋友们，大家好！我是李老师，今天跟大家分享一个客家谚语故事——《卖笠麻，顶打顶》。

客家人有句俗话，叫作"卖笠麻，顶打顶"，用以讥笑那些办事死板的人。客家人所谓"笠麻"，是"笠帽"的转音，即"竹笠"。一个竹笠，客语称"一顶笠麻"。

传说，旧时有个卖笠麻的人，按他爸爸交代"一顶卖一块钱"。他便记住："一顶一块，一块一顶"。有一天，有个人来买，说要买五顶。他说"好"，便先递过一顶去，要买者给一块钱。买者说："我一下买五顶，给你五块吧？"他说："不行，我阿爸交代，卖一顶捡一块，一顶一顶来！"闻者无不大笑。他正经八百地说："我卖笠麻就是顶打顶的，你们笑什么！"

卖笠麻，顶打顶（李素红）

仔狮灯

小朋友们好，我是梅州市直属机关幼儿园的谢艳芳老师，今天给大家介绍一种客家传统的民间技艺：仔狮灯。仔狮灯是花灯类的舞蹈，来自我们梅州市大埔县青溪镇蕉坑村，所以也叫大埔仔狮灯、青溪仔狮灯，已有 80 年的历史。它吸取了大埔提线木偶的技艺，将狮与球连成一体，由一人操纵，变化出各种仔狮戏球的仪态。表演时，在广东汉乐的伴奏下，众仔狮各抱一个彩球，抛抛接接，忽离忽合，欢快起舞，寄托了客家人祈愿风调雨顺、五谷丰登、国泰民安的美好愿望。2009 年 11 月，狮舞（青溪仔狮灯）被广东省人民政府公布为第三批省级非物质文化遗产保护名录。

仔狮灯（谢艳芳）

铜鼓峰

小朋友们，大家好！我是梅州市艺术学校的李宇卿老师。我是内蒙古人，来到梅州后，就爱上了这里的青山绿水，只要有空就会到周边的景点走一走，既能锻炼身体，又能感受大自然的魅力。小朋友们，你们喜欢到大自然中玩耍吗？今天呀，李老师给小朋友们介绍一个又漂亮又好玩的地方，就是位于梅州市丰顺县的铜鼓峰。

铜鼓峰又叫铜鼓嶂，海拔高度 1559.5 米，为粤东第一高峰。为什么要叫铜鼓峰呢？有一个说法是因其峰顶平阔，浑圆似鼓而得名；另一说法是因其山风激荡，响如铜鼓而得名。有一句诗词描述了这里的景色："秋来一色极天净，皎皎出日看斑斓。"意思就是秋天来了，铜鼓峰的山雄壮又美丽，天空蓝得干净极了。到山顶看日出，眺望远处，云雾之中，太阳出来的那一刻，可以看到斑斓的色彩。小朋友们，铜鼓峰的山路又长又高，如果和爸爸妈妈一起来这里玩的话，老师建议你们，前一天一定要早点睡觉，吃点营养丰富的食物，保证好的体力和精气神哦，因为爬山可是一件考验体力和毅力的事情呢。

除了山中的风景，游客们来到铜鼓峰最喜欢做的一件事就是登峰顶看日出啦。看日出的人们，很多会选择在山上露营。到了晚上，铜鼓峰的星空干净而美丽。等到黎明，如果天气晴朗，可以看到光芒万丈的日出过程；如果是云雾天气，白色的云雾裹着日出，就像来到了仙境一样，非常美丽。小朋友们，如果来铜鼓峰露营的话，一定要买一顶结实的帐篷，带上足够保暖的被褥，穿多一点衣服啊，因为山里的温度到了晚上会比较低，小心着凉感冒哦。

听完李老师的分享，你们是不是很喜欢铜鼓峰的日出啊？想不想和爸爸妈妈一块去爬山呢？快让爸爸妈妈计划起来吧，去领略粤东第一峰的美妙风景吧！

铜鼓峰（李宇卿）

客家酿豆腐的由来

　　各位朋友，大家好！我是梅江区教师发展中心的黄老师。今天，我用客家话给大家介绍一种客家美食——酿豆腐。

　　客家人是中原南下的移民，由于各种历史原因，迁到岭南山区后，完整地保留了中原的语言和饮食习惯。客家菜注重火功，以蒸、焗、煲、酿见长，今天我就给大家介绍一下酿豆腐的由来。

　　相传很久以前，一个五华人和一个兴宁人是结拜的好兄弟，但有一次在点菜的时候却出现了矛盾，一个要吃猪肉，一个要吃豆腐。后来，聪明的饭店老板想出了一个两全其美的办法，制作出了酿豆腐。

　　客家酿豆腐据说源于中原饺子，因南方少麦，客家人便用酿豆腐来寄托对北方饺子、中原文化的感情。无论是喜庆时节，还时闲忙之时，它都是客家人的最爱。

客家酿豆腐的由来（黄畅）

教育活动设计

龙丰园"大丰收"主题游戏活动

设计者：刘媚　李贞珠　蓝映红

活动背景

游戏来源：2018年农历秋分那一天，中国农民迎来了自己的第一个"农民丰收节"。这个节日是亿万农民庆祝丰收、享受丰收的节日，也是五谷丰登、国泰民安的真实体现。"中国农民丰收节"不仅是为农民专设的节日，更是全中国的节日；不仅是对传统历史文化的尊重，更顺应了新时代的新要求、新期待；不仅是对增收创收和兴农富农的激励，更是丰富了农民的精神生活。"中国农民丰收节"承载着我们国家对农民的亲切关怀和对农民辛勤劳动的充分肯定。"中国农民丰收节"在我们梅州设有分会场，好多小朋友去分会场感受了丰收节的愉悦氛围，来园后纷纷讨论各自的见闻。为提高小朋友参与社会节庆活动的积极性，我们老师也加入孩子们的讨论队伍中，并提出疑问：有些小朋友去了农民丰收节分会场，感受了丰收节的节日氛围，但是也有老师和小朋友没有去现场感受，他们不知道分会场的场景，怎么办呢？于是小朋友七嘴八舌地议论起来，最后我们决定在幼儿园开展龙丰园"大丰收"主题游戏活动。

预期目标： 1.创设自由、宽松的语言交往环境，让幼儿想说、敢说、喜欢说。2.培养幼儿投掷、平衡等能力。3.培养幼儿动手动脑、寻找问题答案的习惯。4.感受丰收的喜悦场景时懂得感恩他人，珍惜农民的劳动成果。

环境创设： 1.展台摆设孩子和家长收集的各种农产品。2.展板上张贴孩子们亲身感受农作物丰收的图片。3.各班观察角摆满孩子们从农村、从大自然收集到的各种各样的农作物等。

前期经验： 幼儿在周末和家长一起到农村摘金柚、收割水稻等，通过这样的体验活动认识了番薯、南瓜、马铃薯、芋头等农产品，知道了一些农作物的种植方法和生长习性，充分感受种植带来的快乐和丰收的喜悦。

材料投放： 1.丰收的图片。2.实物：番薯、各种米、豆、瓜果、蔬菜等40多种作物。3.客家农具：粪箕、簸箕、木桶等客家农具。

游戏玩法： 1.讲一讲。通过图片、实物认识一些具有客家特色的农产品。2.套一套。把马铃薯、南瓜、芋头、番薯等农产品摆在距离幼儿2—3米处，幼儿用自制的小圈圈套在农产品上，套中的为胜。3.挑一挑。幼儿把稻草捆成大小、重量差不多的6扎，用小竹棍当扁担，从起点挑着稻草绕过障碍物到终点，看谁先到。4.磨一磨。把浸了24小时的黄豆、大米分别用石磨磨豆浆、磨米浆。5.摘一摘。幼儿到幼儿园种植园地采摘自己种植的蔬菜，把菜挑拣好并洗干净送给厨房阿姨。

活动内容与过程实录

游戏推进一：讲一讲

观察：今天，大丰收游戏活动在户外进行，孩子们相邀着，玩得不亦乐乎，只见他们开心地观察着、交流着。尧尧指着箩筐中的金柚说："这是金

柚，它的果实挂在树枝上。成熟的金柚皮是黄绿黄绿的，果肉甜甜的，我很喜欢吃。"浩浩说："这是番薯，也叫地瓜，烤熟后喷喷香，蒸熟晒干后就变成番薯干，是我喜欢的一种零食。"茜茜说："这是芋头，可以炸芋圆，可香了。妈妈在焖饭的时候放了几块芋头进去，我吃了两碗饭。但是我的手碰了芋头，会痒痒的。"孩子们你一言我一语，边看实物边谈论。老师看见孩子们愉快地交谈，向他们伸出了大拇指。

分析：《3—6岁儿童学习与发展指南》（以下简称《指南》）指出："幼儿的语言能力是在交流和运用的过程中发展起来的。应为幼儿创设自由、宽松的语言交往环境，鼓励和支持幼儿与成人、同伴交流，让幼儿想说、敢说、喜欢说并能得到积极回应。"我鼓励孩子们："将自己看到的、爸爸妈妈带你们到农村认识的、老师在语言活动中讲给你们听的结合起来，讲给同伴听，看谁知道的知识最多。"在整个观展活动中，尧尧认识的东西最多，讲得最好，获得"最佳讲解员"称号。

游戏推进二：套一套

观察：这么多农产品，它们就只能摆在这里给大家看吗？不是的，孩子们纷纷说出自己的想法，有的说可以吃，有的说可以卖，有的说可以玩。可以怎样玩呢？强强说："我们玩套圈游戏可以吗？"孩子们来到足球场，把南瓜、马铃薯、番薯、金柚、芋头等四散放在草地上，然后在离农产品有一定距离的地方站好，把小圈圈往农产品上投。当看到别人投中农产品时，大家情不自禁地鼓掌表扬。孩子们玩了几遍后发现，能套中的都是小的、圆的农产品，而有些农产品总是很难被套中。于是老师问孩子们为什么。只见有些小朋友拿着圈圈去比画那些形状不规则的农产品，或者体积比圈圈大的农产品，发现原来能否把农产品套中与圈圈的大小有关系，于是他们制作了大一些的圈圈继续玩。孩子们

在快乐玩套圈的游戏中认识了农产品。

分析：《指南》指出，成人要善于发现和保护幼儿的好奇心，充分利用自然和实际生活机会，引导幼儿通过观察、比较、操作、实验等方法，学习发现问题、分析问题和解决问题。当孩子们站的距离与农产品太近了很容易投中，老师就引导他们把农产品往远一点的位置挪，在比较中尝试不同距离的投掷，激发了孩子们玩的兴趣，让孩子们体验成功的喜悦。

游戏推进三：挑一挑

观察：这时老师又提出了一个问题："你们知道稻草可以怎样玩吗？"成成说："做成稻草人，小鸟看见稻草人站在那儿，以为真的是人，就不敢偷吃农民伯伯晒的稻谷。"洋洋说："我们可以像农民伯伯挑金柚一样，挑着走。""好，你们尝试一下扎稻草人和挑稻草。"只见扎稻草人的孩子们扎了一遍又一遍，都觉得不像，最后他们发现要加上一些其他的材料，如木棍、草帽、衣服等。玩挑稻草的孩子们开始不知道把稻草扎成几捆，经过商量后得出：要挑就必须有两捆以上才可以。于是他们把稻草扎成两捆，然后用小竹棍挑着走。可是一捆稻草量多，一捆稻草量少，小朋友挑不起来。这时，老师和孩子们一起分析失败的原因——两边稻草不一样多，所以不平衡。该怎么办？有的小朋友说把大捆的稻草再扎多几捆，有的说把大捆的平均分成两捆。

经过几次尝试，虽然扎的两捆稻草还是不均匀，但是比第一次扎得好多了。刚开始，小朋友没掌握好平衡，一边高一边低，走三五步稻草就掉地上了。经过老师启发，小朋友调整了竹棍的左右距离。慢慢地，小朋友都能挑着稻草从起点绕过障碍物顺利挑至终点。

分析：《指南》指出，支持和鼓励幼儿在探究的过程中积极动手、动脑，寻找答案或解决问题。在游戏活动中，教师要认真观察幼儿的活动过程，发现问题及时引导幼儿，培养幼儿积极动脑的习惯。

游戏推进四：磨一磨

观察：自从孩子们知道了黄豆、黑豆等豆类或各种米用水浸泡 24 小时后可以用石磨磨成豆浆、米浆，他们都很喜欢玩石磨。刚开始，孩子们都抢着放黄豆，结果很难推动石磨，而且没有豆浆出来。老师问孩子们怎么办。孩子们摇了摇头。老师又问："豆浆是固体还是液体？"这时候有小朋友马上说："黄豆要和水一起放。"经过一次又一次试验，小朋友终于知道，黄豆和水要有一定的比例，水太少则豆浆很稠。在磨浆的时候，他们懂得必须有分工：谁推磨，谁放豆，谁加水，谁盛浆。当白花花的豆浆、米浆流出来时，他们都开心地笑了。

分析：玩是孩子们最感兴趣的事情，自从石磨出现后，选择玩石磨的小朋友越来越多，就连平时不主动表达的小朋友也踊跃表达要去玩磨豆浆。《指南》指出，活动时能与同伴分工合作，遇到困难能一起克服。教师在活动中应多为幼儿提供需要大家齐心协力才能完成的活动，让幼儿在具体活动中体会合作的重要性，学习分工合作，充分感受游戏的快乐。

游戏推进五：摘一摘

观察：自从参与了种植活动，孩子们对幼儿园种植园的蔬菜、农作物的生长产生了浓厚的兴趣。为了让他们体验采摘蔬菜的丰收的喜悦，我们组织大班孩子讨论："种植园里大家种的蔬菜可以摘了，是让厨房阿姨去摘还是我们小朋友自己亲手采摘呢？"有些小朋友说："让厨房阿姨摘，然后煮给我们吃。"有些小朋友说："我们去摘，但是担心摘到有虫的菜。"最后，老师让孩子们各自在记录表上记录，结果同意自己采摘蔬菜的孩子多。于是老师就组织了采摘活动，让孩子们亲自采摘自己种的油菜、香菜等。孩子们在采摘的过程中无从下手，有些孩子把嫩芽也摘了，有些孩子在采摘菜的过程中把旁边的包菜等踩坏了……这时老师引导孩子们："种菜不容易，采摘蔬菜也不是容易的事情，为了避免这些现象再出现，该怎么办？"有些小朋友说要小心点；有些小朋友说等菜再大点再去摘；有些小朋友说菜与菜之间的距离不能太窄……最后他们得出结论：摘菜的人不能太多，最好重新规划菜地。就这样，每次种植采摘活动都是一场真实的菜农生活感受。通过种植活动，他们知道了蔬菜的种植方法，懂得了种子发芽要浇水，蔬菜生长得好要施肥；通过采摘活动，他们懂得了分工合作，商量着谁摘菜、谁拣菜、谁洗菜，不仅掌握了采摘的技能技巧，还学会了观察。

分析：现在的孩子不愁吃、不愁穿更不愁玩，但是他们对现实生活中的很多东西没有直观认识，很多孩子五谷不分。《指南》指出，让孩子在探究中认识周围事物和现象，能觉察到动植物的外形特征、习性与生存环境的适应关系。教师在活动中应多支持幼儿在接触自然、生活事物和现象中积累有益的直接经验和感性认识，和幼儿一起通过户外活动、观察、种植等活动，感知生物的多样性和独特性，以及生长发育、繁殖和死亡的过程。

游戏推进六：舞一舞

一次偶然的机会，我园孩子们看见了敲锣打鼓的舞狮表演，十分感兴趣，经常在班上三三两两地模仿舞狮游戏。为满足孩子们游戏的需求，让他们能亲身体验舞狮的乐趣，我园组织幼儿开展了独舞狮头、制作狮头、双人舞狮、节日中的舞狮等活动。

观察：本次活动的创新之处在于让幼儿从看一看、说一说、做一做、玩一玩的过程中慢慢地体会舞狮的习俗及舞狮的要领。中国的传统文化舞狮和音乐、运动、情感的融合也是本次活动的重点。

分析：舞狮这一教学活动真正地捕捉到了教育契机，贴近幼儿生活。《幼儿教育指导纲要（试行）》指出，教师要善于发现幼儿感兴趣的事物、游戏和偶发事件中所隐含的教育价值，把握时机，积极引导。在一系列游戏中，孩子们已经在言行中流露出对表演舞狮的喜爱。于是老师把握核心目标，及时调整并充分利用，保证孩子的兴趣点，开展了舞狮的活动。舞狮表演在很多庆祝活动中都会举行，孩子们能亲眼看到，亲耳听到，题材贴近身边的生活，更易理解和掌握。舞狮活动在幼儿园"大丰收"主题游戏活动中开展更增添了节日的喜庆氛围。

游戏推进七：画一画

观察："丰收节"游戏活动后，小朋友收获了很多，茶余饭后他们议论的还是"大丰收"主题游戏的话题。为了让幼儿将自己探索尝试的体验进一步得到升华，我们组织了绘画活动，让孩子们用绘画表现自己参与"大丰收"活动的愉悦心情。

分析：孩子用稚嫩的双眼看世界，用纯真的心灵感受世界。我们可以看到，所有的孩子都喜欢涂涂画画，他们不由自主地寻找一切可以涂画的工具

和材料去展现自己在游戏中的所见、所闻、所思、所想。让幼儿将自己探索尝试的过程用绘画的形式表现出来，这是游戏生成的课程。让幼儿在游戏经验的基础上，反思自己的活动经历，提炼自己的活动思考。对于孩子来说，画画是一种游戏，是一种轻松、愉快、易行的活动。在画的过程中，他们体验到绘画的快感。绘画更是孩子的一种语言，他们通过这一语言，向同伴、老师、家长表达自己的情感，表达对美好生活的愿望。这是我园孩子参与"大丰收"主题游戏活动的真正意义所在。

活动的特点及价值所在

玩是孩子的天性，玩就是游戏。对孩子来说，游戏是他们最喜爱的一种活动，也是他们在幼儿园一日生活中的主要活动。龙丰园"大丰收"主题游戏活动就是考虑到孩子们的心理和生理特点。他们渴望参加成人的活动，但由于受自身的知识经验、能力的限制，他们的愿望往往难以实现，而"大丰收"主题游戏活动正好解决了这一矛盾。游戏中，孩子们可以装扮成各种角色，进行各种活动，满足参加社会实践的强烈愿望。比如他们可以装扮成农民伯伯忙着运柚子、挑稻草，忙着磨豆浆，忙着种菜摘菜……这些都可以满足孩子的心理需要，从而推动孩子身心发展。

游戏是锻炼孩子身体的有效方式。游戏中，孩子们做各种各样的动作，使得身体的各个器官都处于活动状态。如：挑稻草的游戏、套圈圈的游戏，锻炼孩子走、跑、跳、平衡等动作。游戏在发展孩子基本动作的同时，也促进了孩子的血液循环和呼吸，增强新陈代谢，锻炼肌肉和骨骼，有效地促进了孩子身体的发育成长。

　　游戏促进孩子智力、语言的发展。在游戏活动中，孩子的感知觉、注意力、记忆、思维、想象都在积极活动着。"大丰收"主题游戏活动给孩子们创设了许多性质不同的情境，带来了各种问题。孩子们为了将游戏进行下去，必须使思维活跃起来，从而有利于智力的发育。

　　游戏能促进孩子良好品质的形成。孩子们会在游戏中模仿成人对劳动和一切事物的态度，体验成人的思想情感，学习成人的各种优良行为。比如，一个平时较懒惰的孩子可以通过推石磨磨豆浆学习勤劳、乐于助人的品质。游戏也有助于培养孩子的意志性格。在游戏中，孩子们为了达到某种目的，需要遵守一定的规则，克服一定的困难，这样就逐步培养了孩子的自制力和勇敢、创造的精神。

　　很多幼儿教师认为，幼儿就应该按照老师提供的材料、操作方法进行游戏，一味地把知识灌输给幼儿，让他们按照我们成人的思路、方法进行学习，好像只有这样，幼儿才能有"发展、成长"。孩子的游戏常常成为我们老师导演的一场戏，剥夺了孩子的自主探索、自我体验、自主创造的权利。龙丰园"大丰收"户外主题游戏活动来源于孩子们熟悉的场景，幼儿在兴趣的作用下一次次"提出问题—解决问题—发现新问题—再解决问题"，通过自主体验、自由操作、探索、自由交往、互助合作，积累了丰富的社会经验；认识了很多农产品，知道它们的种植方法和生长习性；提高了投掷、平衡能力，掌握了磨豆浆的方法。这样的结果带给老师、家长很大的震撼和启发，只有这样的游戏才是孩子们自己真正的游戏，我们老师不需要做过多的干涉、介入与指导，只需为幼儿游戏提供一些必要的准备和帮助，静待花开。

　　此次活动也存在不足之处：由于个体差异性，在游戏过程中，教师指导个别幼儿时容易干扰其他孩子；当孩子在游戏中遇到困难时，教师往往急于帮孩子解决困难而把方法直接说出来；当游戏材料不足时，老师未及时引导孩子寻找解决问题的方法；生存游戏要遵循从孩子的生活中来，从易到难，从简单到复杂。

锣鼓喧天辞旧岁　雄狮献舞迎新年
暨龙丰幼儿园客家文化传承活动

策划、指导：刘媚

设计：李贞珠

时间：2018 年 12 月 26 日上午

地点：梅江区龙丰幼儿园

设计意图

我园地处世界客都——梅州，全园师幼、家长 95% 都是客家人。80 后家长中，有的不会唱客家山歌、不会念客家童谣；有的不能完全用客家话表达，客家话中夹杂着普通话。针对这些情况，为了让客家文化一代一代传承下去，我园开展了传唱客家山歌、念客家童谣、说客家谚语、舞狮等客家传统文化教研活动，取得了较好的效果。趁新年来临之际举行这个活动，既可以把平时的教学成果展示给家长们看，又能带动家长积极参与传承客家文化的活动。

活动目标

1. 通过迎新年活动，了解客家文化的一些表现方式。

2. 用说、唱等游戏形式展现幼儿讲故事、唱山歌、诵童谣等能力。

3. 感受客家人过新年的热闹气氛，在游戏活动中体验客家民间活动带来的快乐。

活动准备

1. 各班创设主题环境。

2. 笑脸墙：每名幼儿准备一张 4 寸彩色笑脸照，将其贴在屏风板上（各班老师布置好本班的笑脸墙）。

3. 粉色打印纸打印游戏点名称。

4. 铺红毯作为表演台。

5. 横幅、LED 屏。

6. 演出音乐刻成 CD。

7. 集奖卡：写上幼儿班级、姓名，用于贴红五星。

8. 每个游戏点负责人有 400 个小红五星贴纸，每名幼儿参加完一个游戏贴一张红五星。

9. 购买 3 条松紧带（1 条 5 米长）。

10. 领奖处：二楼音乐厅内。（幼儿集齐 10 个红五星换一个奖品）

11. 提前用玻璃纸贴好场地边线。

活动过程

全园家长、幼儿、老师在下操场按指定的位置站好。

一、表演部分

1. 全园幼儿唱客家山歌《新年到》

2. 舞狮献瑞（师幼表演）

（制作 1—10 数字贴 2 套，其他参与表演的老师帮忙摆道具幼儿狮头、狮尾服装）

3. 刘媚园长发言

4. 谢芳副局长致辞

5. 打击乐表演《龙的传人》（大班幼儿）

6. 嘉应学院舞狮队表演

7. 全园家长、教师、幼儿律动表演《彩虹的约定》

（全园老师、幼儿内圈围成一个大圆圈，全园家长外圈围成一个大圆圈，幼儿和家长面对面一起表演）

二、亲子游戏部分

涯系客家人，涯做客家游戏

1. 故事天地（幼儿可以独自讲故事，也可以多个幼儿一起故事表演）

准备：1 至 2 个小蜜蜂夹麦、部分手偶

2. 客家童谣（幼儿可以独自朗诵客家童谣，也可以多个幼儿一起朗诵）

准备：1 至 2 个小蜜蜂夹麦

3. 客家山歌（家长、幼儿表演唱山歌，家长、幼儿可以独自唱山歌，也可以多个幼儿、家长一起表演唱）

准备：1 至 2 个小蜜蜂夹麦

4. 羊角咩咩（家长、幼儿、老师一起游戏，家长或老师扮老虎，幼儿扮小羊边念童谣边游戏）

准备：老虎头饰 2 个

5. 滚铁环（家长一手牵孩子，一手滚铁环。家长及幼儿各 4 人为 1 组，从起点把铁环滚到中点，再返回起点。两边各设起点）

准备：8 个铁环，用玻璃纸贴好起点、中点

6. 跳格子（幼儿玩客家游戏）

准备：用玻璃纸画好格子

7. 跳皮筋（家长、幼儿玩客家游戏，家长脚拉皮筋，幼儿跳，每条皮筋 5 名幼儿、2 位家长）

准备：3 条松紧带

8. 斗鸡（家长、幼儿游戏，家长一组，幼儿另一组）

准备：公鸡头饰 20 个

9. 拔河（家长游戏）

准备：一条长绳子

10. 盲人敲锣（家长用圆形玻璃贴纸蒙着眼睛，幼儿牵家长到鼓前面，提示家长可以敲锣了。分 2 组）

准备：2 面锣、2 个锣架、2 个锣柄，准备好蒙眼睛用的圆形玻璃贴纸 360 对

10.击鼓传球（家长、幼儿围成一个圆圈，1 位家长敲鼓，鼓声响起即传球，2 个球反方向传，鼓声停，球传到谁手中谁表演拍皮球）

准备：1 个小鼓、1 支鼓柄、2 个皮球

11.老鹰捉小鸡（1 位家长扮老鹰，10 名幼儿扮小鸡为 1 组，分 2 组同时进行）

准备：老鹰头饰 2 个，小鸡头饰 20 个

三、结束活动

家长听到结束音乐时，有序把孩子送回班里交给老师后离园。

热热闹闹"龙丰圩"主题游戏活动

策划、指导：刘媚

设计：李贞珠

时间：2019 年 3 月 27 日上午

地点：梅江区龙丰幼儿园大操场

设计意图

梅州是千年古邑、文化名城，注重文明传承、文化延续，拥有丰富的、独具特色的客家文化资源。为了弘扬客家千年文化，让人们找回旧时的记忆、记住浓浓的乡愁，2019 年春节前夕，梅江区人民政府主办了"金山圩日"活动。圩日在客家人记忆中，是约定俗成的集市交易的传统日子，与客家人的生活密不可分。每逢圩日，客家乡镇的市场上就人潮涌动，挤满了摆卖的商贩和赴圩的人群，场面很是壮观。圩日融汇了客家人集市交易的风俗特色。陈鹤琴先生的"活教育"课程论指出："大自然、大社会都是活教材。"我园的大部分幼儿是城里人，他们较少有机会去乡镇赴圩。为了让幼儿了解

圩日，充分体验客家人赴圩的热闹场景，学会与不同年龄的人交往，感受购物的喜悦，我园开展了热热闹闹的"龙丰圩"主题游戏活动。

活动目标

1. 在成人的启发引导下，了解圩日的由来，能说出个别乡镇的圩日日期。
2. 通过"龙丰圩"游戏活动，体验圩日的热闹场景，感受卖东西及赴圩的喜悦之情。
3. 在游戏过程中，学会使用礼貌用语，大胆地购买自己喜欢的物品。
4. 懂得物品可以换钱，懂得珍惜物品，勤俭节约。

活动准备

知识准备：

1. 通过健康、语言、社会、科学、艺术领域开展关于圩日的主题活动，加深幼儿对圩日的认识。
2. 家长带幼儿到附近乡镇赴圩，体验赴圩的快乐。
3. 各班师幼共同布置"龙丰圩"主题活动的主题墙。

物质准备：

购买部分区域所需的物品；幼儿自制图书、自制亲子手工作品，收集家里不玩的玩具、图书等。

整体准备：

1. 赴圩安全手册（家长、参观人员人手 1 份，粉色纸打印好）。
2. 拱形门。
3. 园门内上方挂纸伞（3 月 25 日前把伞系好，活动当天早上挂）。
4. 布置好展板。
5. 音乐（金色童年、客家山歌、广东音乐）。
6. 各班保教人员设计好店名，列出区域所卖的物品和摆设需用的物品，布置好物品如何摆放，物品写上价钱，幼儿作品还要写上班级、姓名。
7. 全园幼儿穿园服，教职工穿红色带帽园服、黑色裤子。

8. 每班 4 位家长志愿者（两位穿志愿者背心，两位戴臂章），每名幼儿由 1 位家长陪同参加圩日活动（如果幼儿家长是志愿者的，可以两位家长参加）。

9. 购买佩奇服装、纸伞。

10. 家长赴圩臂章贴。（用于区分家长与参观人员）

11. 轮流请 3 名大班幼儿穿佩奇人偶服装赴圩。（3 个大班每班轮流请 3 人，5—8 分钟换一轮）

12. 活动前各班老师点名，全园幼儿、家长 9：25 前到下操场集合，9：30 活动开始。

13. 每位家长自带环保袋装购买的物品。

区域准备：

1. 细妹客家美食（大一班）

地点：兔子左侧（靠近饭厅）

准备：桌子 4 张，橙色椅子 24 张（2 张桌供幼儿做徽子）

购买物品：芋丸、徽子、煎圆、猪肠糕、菊花糕、发板、和好的徽皮；小食品袋装卖出的食品；塑料盘摆所卖品；一次性桌布。

自制活动：做徽子

2. 智趣手工坊（小一班）

地点：兔子右侧（靠近足球场）

准备：各班幼儿的美工作品，贴好班级、作品名称、幼儿姓名、价钱。

3. 智慧书吧（大三班）

地点：足球场内

准备：各类图书、幼儿自制图书（自制图书多一些）

4. 龙丰农家菜（中一班）

地点：玩水池前

准备：幼儿园种植的包菜、萝卜，用竹篮、畚箕等装卖的菜

购买物品：马铃薯、西红柿、红萝卜等多种蔬菜，装菜的塑料袋（后勤负责购买）

5. 美食美客（大二班）

地点：保健室走廊至泵房门口

准备：桌子4张，橙色椅子24张（2张桌子供幼儿坐着吃美食，1张桌子供幼儿做汤圆，1张桌子供幼儿做肉圆）；已煮好的汤圆600只左右，已煮好的肉圆600只左右，已煮好的豆浆1保温桶；糯米粉、浸好的黄豆；一次性调羹、杯子；塑料盘装搓好的汤圆。

自制活动：搓汤圆、磨豆浆

6. 玩具总动员（中二班）

地点：拱门右侧（1—2棵秋枫树间）

准备：各班收集的玩具

购买物品：一些小玩具

7. 有鱼来了（小二班）

地点：公示栏前

准备：收集的各类小鱼、蝌蚪、金鱼、小乌龟

购买物品：一次性汤碗装卖出的饲养品、鸡蛋、鸭蛋、鹌鹑蛋

8. 龙丰日杂店（中三班）

地点：大滑梯前

购买物品：面帕、牙刷、牙膏、纸巾

9. 萌娃植物园（小三班）

地点：洗碗房门前

准备：各班幼儿种的植物

活动过程

（一）开场

1. 开场白

2. 家长唱山歌

3. 全园幼儿合唱客家山歌《排排坐　唱山歌》、念客家童谣《月光光》

4. 园长致辞

5. 亲子律动：金色童年

6. 讲明家长、幼儿赴圩的注意事项

（二）赴圩

1. 家长带幼儿到各区域购买物品。

2. 家长志愿者收钱，帮老师引导幼儿使用购物礼貌用语。

3. 主持人多次提醒安全注意事项，家长看管好幼儿。（主持人把黑板移到兔子后面的平台，准备记录各班卖物所得款）

（三）散圩

1. 家长志愿者帮本班老师清点所卖物品款，并交给主持人公布。热热闹闹的"龙丰圩"主题活动结束后，组织部分大班幼儿和家长志愿者到梅州市福利院捐款。

2. 圩日结束，家长把幼儿带回本班教室交给老师，所购物品家长带回家。（家长离园，孩子留园，无特殊情况的幼儿不能跟家长回家）

龙腾华夏　丰庆乐园

——梅江区龙丰幼儿园第二届丰收节暨办园三周年庆典

策划、指导：刘媚

设计：李贞珠

时间：2019 年 11 月 12 日上午

地点：梅江区龙丰幼儿园大操场

活动背景

2018 年我园举行了龙丰园第一届丰收节，幼儿在活动中进一步了解了农产品的种类，增长了见识，感受到了丰收的喜悦。今年，我园的第二届丰收节正逢办园三周年园庆，因此把两个活动糅合在一起，让幼儿理解我园的丰收节不仅是庆祝农民伯伯的农作物丰收，还可以是幼儿园取得丰硕成果的庆祝活动。

活动目标

1. 知道龙丰幼儿园已经三周岁了，了解幼儿园取得的一些成绩。

2. 通过各种游戏，发展幼儿的跑、跳、投掷、平衡等方面的能力。

3. 培养幼儿爱国、爱家、爱园的情感。

活动准备

1. 各班创设主题环境。

2. 文化墙：中、大班每个班进行"丰收节"相关主题墙面布置。

3. 粉色打印纸打印游戏点名称。

4. 横幅、LED 屏。

5. 背景音乐，整场活动音乐刻成 CD。

6. 购买灯笼，写对联的纸、笔、墨。

7. 提前贴好各游戏点边线。

8. 提前在文化墙挂灯笼的位置贴好挂钩，在对联上提前粘好双面胶。

9. 后勤部门负责购买、定制适合幼儿用的粪箕、箩筐、担竿，买冬瓜、南瓜、地瓜、芋头等农产品。

10. 家长于 9∶00 前到孩子班级签到，9∶10 在下操场按孩子班级的位置站好。

11. 各班老师 9∶10 带幼儿到下操场按指定位置站好。

12. 场地安排分布图。

活动过程

全园家长、幼儿、老师在下操场按指定的位置站好（中班与大班面对面站，小班面对文化墙站）。

（一）表演部分

1. 开场：师幼表演舞狮

2. 刘媚园长发言。

3. 中二班陈彦晗家长为幼儿园文化墙撰写对联，彦晗及另一位男孩子在旁边磨墨。全园家长、幼儿、老师表演律动《走着走着花就开了》（主持人讲解客家贴对联的习俗）。

（全园老师、幼儿内圈围成一个大圆圈，全园家长外圈围成一个大圆圈，幼儿和家长面对面一起表演，家长在文化墙前现场写对联）

4. 请家长、园长、老师（1 位）、数名大班幼儿在文化墙上贴对联、挂灯笼，然后打开大门。

5.家长、老师、幼儿进行客家山歌、客家童谣擂台赛。（两位老师，中班、大班各6名幼儿从文化墙大门走出来）

6.杯花舞表演（黄遵宪中学学生）

7.非洲鼓表演（龙丰幼儿园小朋友）

8.老师舞蹈：斗笠舞

（二）亲子游戏部分（家长带幼儿到各游戏点玩游戏）

1.扛地瓜（两名幼儿一组，用一个粪箕把地瓜从起点扛到终点，先到一组为胜）

地点：文化墙前

2.滚铁环（家长一手牵孩子，一手滚铁环。4位家长及4名幼儿1组，从起点把铁环滚到中点，再返回起点。两边各设起点）

地点：跑道上

3.拔河（家长游戏）

地点：面对跑道左边

4.冬瓜举重（幼儿高高举起大冬瓜保持5秒）

地点：水池

5.母鸡下蛋

地点：下操场足球场内

6.挑稻谷（每次请两名幼儿用箩筐挑一担稻谷，看谁先到终点）

地点：接待室门口

7.羊角咩咩（家长、幼儿、老师一起游戏，家长或老师扮老虎，幼儿扮小羊边念童谣边游戏）

地点：每周食谱宣传栏前

8.套圈（套柚子、芋头、南瓜、地瓜等）

地点：园门边

9.搬运瓜果（家长与幼儿共同游戏，家长与幼儿各3人为1组进行接力赛，4组同时进行；家长帮忙把瓜果放进推车内，幼儿推动推车进行接力赛，先完成的一组胜利）

地点：面对跑道右边

10.插秧比赛（每次请两名幼儿分别在两块泡沫板上插秧苗，看谁先插完）

地点：车棚前

11.踩高跷接力赛（幼儿游戏，5 名幼儿为 1 组，4 组同时进行）

地点：厨房门边

12.夹花生、红枣、核桃（把花生、红枣、核桃用筷子从一个盘子夹到另一个盘子里面）

地点：大型滑梯前摆两张桌子，每张桌子前分别站 4 名幼儿

13.斗鸡（家长、幼儿游戏，家长 1 组，幼儿 1 组）

地点：上操场 LED 灯前

14.挑稻草、挑番薯藤（每次 4 名幼儿同时进行挑稻草比赛，看谁先从起点挑到终点）

地点：升旗台旁

结束部分

家长把幼儿送回教室，交给班级老师。幼儿留园，家长离园。

梅江区龙丰幼儿园第二届"龙丰圩"

——"年货一条街"主题游戏活动

策划、指导： 刘媚

设计： 李贞珠

时间： 2020 年 1 月 17 日上午

地点： 梅江区龙丰幼儿园

主持人： 李文森（大一班李子睿家长）、李子睿小朋友

人偶： 两个福鼠人偶（家长）

设计意图

陈鹤琴先生的"活教育"课程论指出："大自然、大社会都是活教材。"我园已经开展了第一届"龙丰圩"主题游戏活动，小朋友们对"龙丰圩"活动非常感兴趣。今年，为了让幼儿更好地体验客家人过年时浓浓的年味，在第一届"龙丰圩"的基础上，我园设计了第二届"龙丰圩"——"年货一条街"主题游戏活动，让幼儿学会与不同年龄的人交往，在购年货的过程中感受喜悦并充分体验客家人过年前热闹的购物气氛。

活动目标

1.通过"年货一条街"主题游戏活动，体验购年货的热闹场景，体验买卖东西的喜悦之情，感受客家人过年前买年货的热闹气氛。

2.在游戏过程中，学会使用礼貌用语，大胆地购买自己喜欢的物品。

3.懂得物品可以换钱，懂得珍惜物品，勤俭节约。

活动准备

1.各班准备摆卖的物品

（1）大一班：巧克力（元宝、金币）、饼干、旺仔牛奶糖

（2）大二班：炸撒子、炸虾片、炸煎圆、食品袋300个

（3）手工制作：捏撒子、搓煎圆、电磁炉炸撒子、煎圆

（4）大三班：手工贺卡、卡通气球、手工帽子

（5）中一班：（家长制作）手工花、干花、鲜花、银柳80条

（6）中二班：对联（幼儿园购买）、灯笼、鞭炮、手工红包

（7）中三班：发粄、味酵粄、香肠、茶蛋、鹌鹑蛋

（8）小一班：沙画、刮画、拼图、画鸡蛋壳、玩具

（9）小二班：蕉岭金橘、平远脐橙、蔬菜（幼儿园种植园内的）、梅县金柚（家长带）

（10）小三班：剪纸、静电窗花（幼儿园购买）、吊饰、手工作品（包括轻黏土作品）

（11）大一班、中一班、小一班混龄制作

（12）大二班、中二班、小二班混龄制作

（13）大三班、中三班、小三班混龄制作

2. 每位幼儿和家长制作一个购物袋装年货

3. 制作体验活动

（1）打糍粑：购买石臼木棒一套、糍粑胚

（2）挤豆浆

（3）做双色汤圆（红色、白色）：汤圆胚

4. 每班制作好店门、招牌

5. 摊档地点安排

（1）小一班：龙丰智慧城（足球场）

（2）小二班：小二家年货店（一楼接待室前）

（3）小三班：龙丰淘宝屋（公示栏前）

（4）中一班：花开富贵（面对洗碗房，在放木梯组合的小屋前）

（5）中二班：鼠你最红（红色金字塔前两棵树之间）

（6）中三班：叮当美食（车棚前）

（7）大一班：甜心屋（体育器械室前）

（8）大二班：客家味道（食谱栏前）

（9）大三班：米老鼠手工铺（大型滑梯前左边）

（10）打糍粑（办园宗旨前）

（11）做双色汤圆（红色、白色）（大型滑梯前右边）

（12）挤豆浆（篮球架旁）

6. 手撒礼花人员

7. 红地毯（木门前提前铺好红地毯，赴圩时，家长牵着孩子从木门走出，两旁各站 3 位老师撒礼花）

活动过程

开场准备。（全园家长、幼儿在上操场按班级指定位置站好，一位家长牵一名幼儿，每个班 4 路纵队，保教老师站两边）

1. 全园师幼、家长齐唱客家山歌《新年到》。

2. 园长致辞。

3. 主持人讲明活动的注意事项（注意安全、文明赴圩）。

4. 赴圩。教师、家长、幼儿进入圩场赴圩。

（1）舞狮、鼓乐的幼儿在下操场跑道上站好后表演。

（2）撒礼花老师、每班老师、后勤保障人员出场。

（3）家长牵着孩子按顺序从上操场两边下台阶经文化墙木门出来，到各摊档准备赴圩。

（4）行政人员从木门走出，手举对联送祝福。

主持人说："年货一条街开市了！"行政人员退场，各个店铺开始卖东西。（背景音乐：《贺新年》等，音量中小）

（5）狮头、福鼠人偶撒礼花绕场走一遍，到各摊档拜年。

5. 赴圩活动结束，各摊档的家长清点所卖得的金额，主持人当场公布金额。所得金额由家委会代表保管，并由家委会商量下学期购礼物给全园幼儿。

6. 散圩：家长把孩子送回教室交给老师。（背景音乐：《贺新年》等）

梅江区龙丰幼儿园第三届丰收节
暨客家童谣节主题游戏活动

策划、指导: 刘媚

设计: 李贞珠

时间: 2020 年 11 月 3 日上午

地点: 梅江区龙丰幼儿园

活动过程

一、艺术展示活动

1. 园长致辞

2. 梅江区教师发展中心丘主任讲话

3. 教师表演杯花舞《客家杯花迎客来》

4. 大二班幼儿表演客家童谣串烧《月光光 秀才郎》

5. 大三班幼儿表演非洲鼓《丰收之歌》

6. 行政、教师表演客家童谣《经典童谣永流传》

7. 大一班 T 台表演《好收成》

二、主题游戏活动（20 个游戏、龙丰小镇）

幼儿自选到 20 个游戏点和龙丰小镇进行游戏。

（备注：请 10 位家长志愿者帮忙维持活动场内的秩序和安全，其中大班级 3 位家长志愿者负责收割芝麻、采摘柠檬、挖姜）

1. 游戏名称：磨一磨（磨米浆、磨豆浆）

游戏规则：请幼儿将泡好的大米、黄豆放入石磨中，推动石磨并加水，交替操作，将磨好的米浆、豆浆用刷子轻轻推到盆里。

游戏准备：石磨、泡好的大米和黄豆、水、装米浆的盆、勺子、刷子。

2. 游戏名称：团团圆圆（制作南瓜饼）

游戏规则：取出一个糯米团，放在手中，两只手交互搓，使之成为圆形，再将搓好的圆压扁成饼的形状。

游戏准备：搓好的面团、装南瓜饼的碟子

3. 游戏名称：滚铁环

游戏规则：右手持铁环长柄，左手扶铁环，在起点处准备。裁判发令后队员放开铁环，右手控制平衡使铁环始终保持在赛道上直线前进，绕过30米标志桶后返回，到达终点后将铁环交给下一个队友，依次进行小组接力赛，跑得快的一组胜利。

游戏准备：铁环4个、标志桶4个

4. 游戏名称：打糍粑

游戏规则：先把糯米蒸熟后放在石臼里，然后用一根大木棒反复用力往臼里夯，一直把糯饭捣成糊状为止。这一过程往往要由几个有力气的人轮流操作。

游戏准备：石臼一个、糯米一盆

5. 游戏名称：印花粄

游戏规则：请幼儿取适量糯米、黏米，放置在印花模具上轻轻压一压，保持糯米粄表面光滑后取出。教师在此过程中适时给予帮助。

游戏准备：印花粄的模具、糯米粄、黏米、桌布、口罩、一次性手套、桌椅

6. 游戏名称：柚子变变变

游戏规则：幼儿用彩色笔在柚子表面添加各种造型和图案，让柚子的造型变得卡通可爱。教师在一旁巡回指导。

游戏准备：彩色笔、柚子、桌椅

7. 游戏名称：树叶创意画

游戏规则：用不同的树叶，通过自己动脑动手，做成各种各样的树叶创意画，并能根据自己的想象，给树叶添上几笔，使画更美。

活动准备：各种树叶、蜡笔、固体胶、剪刀

8. 游戏名称：跳皮筋

游戏玩法：引导幼儿运用踩跳、勾跳、并脚跳、单脚跳和跨跳的方法跳

皮筋。

游戏准备：自制皮筋 2 条、4 张小椅子

9. 游戏名称：扛南瓜

游戏规则：两人一组，分为两组进行游戏；一组一根扁担、一个箩筐，筐内装有若干南瓜，听到指令后，从起点扛到终点，再返回起点即可。

游戏准备：2 根扁担、4 个箩筐、南瓜若干、起点和终点标志

10. 游戏名称：跳格子

游戏玩法：引导幼儿看格子图，尝试用不同的方法跳过格子图，提醒幼儿要一个一个格子跳，并且跳入格子内。

游戏准备：玻璃纸制作的格子图。

11. 游戏名称：钓钓乐

游戏规则：每次请 5—6 名幼儿进行，站在场地的四周，把钓好的鱼放在桶或盆里。

游戏准备：钓鱼工具、桶、鱼、盆等

12. 游戏名称：客家童谣

游戏规则：大胆地在舞台前吟唱客家童谣，舞台表现大方、自然。

游戏准备：客家童谣、舞台幕布、麦克风、表演服装

13. 游戏名称：沙地建构

游戏规则：利用压、拍、推、挖、印等多种方法建构作品。

游戏准备：小桶、小铲玩具若干

14. 游戏名称：夹豆类

游戏规则：准备好豆类，幼儿在规定的时间内，看谁用筷子夹得最多。

游戏准备：筷子 4 双、盘子 4 个、花生、核桃

15. 游戏：大丰收

游戏规则：老师或家长志愿者指导幼儿用镰刀割稻谷。幼儿用剪刀将成熟的水稻剪下来，再用小手把稻谷甩下来，最后用簸箕装好。

游戏准备：禾苗、簸箕、剪刀、镰刀、油布、脱谷设备（木架子）

16. 游戏：足球小将

游戏规则：小朋友分两组，运球绕柚子走，比比看哪一组更快地将球运回来。

游戏准备：足球、柚子、自制足球

17. 游戏名称：羊角咩咩（客家游戏）

游戏规则：幼儿在教师的引导下念客家童谣《羊角咩咩》，边念边进行游戏。

活动准备：小羊、老虎头饰、游戏起始点标志

18. 游戏名称：围龙屋

游戏规则：根据自己对客家民居——围龙屋的理解，运用中大型积木材料，充分发挥创意，大胆运用架空、排列等方法表现围龙屋的外形特征。

游戏准备：大型积木材料

19. 游戏名称：运输小达人

游戏玩法：起点放同样数量的蔬菜，在老师喊游戏开始时，3名幼儿同时把蔬菜放到车上，并快速运往终点，最先到达的幼儿为胜者。

游戏准备：三辆独轮车及南瓜、冬瓜、洋葱、芋头、生葛、土豆各一些

20. 游戏名称：套蔬菜、水果

游戏玩法：在地上随机摆放蔬菜和水果，每人五个塑料圈，站在画好的线外，往线内抛掷，套中蔬菜和水果即为获胜。

游戏准备：各种蔬菜、水果、塑料圈

结束部分

活动结束，幼儿有序回班级活动室。

传承红色基因　弘扬客家文化

——梅江区龙丰幼儿园"迎新年"主题活动

策划、指导：刘媚

设计：李贞珠

时间：2020 年 12 月 30 日

地点：梅江区龙丰幼儿园

活动准备

1.各班幼儿进场时需要的道具：手持火炬、红五星、小国旗、花环、向日葵花、小圆圈

2.幼儿红军服装、客家服装

活动过程

一、上操场活动

1.升国旗（上操场）

2.爱国主义教育

3.歌曲表演《共产主义儿童团歌》（大一班）

4.客家童谣表演（大三班）

5.舞蹈《红星闪闪》（大二班）

6.全园教师合唱《没有共产党就没有新中国》

7.运动员代表讲话（大二班温柯炜）

二、下操场活动

1.运动员进场

（1）国旗方队顺序：大一班部分幼儿穿表演服装，手持小国旗带头，后面跟着手拿向日葵花的大一班（其余幼儿）、大二班、大三班幼儿。

先喊方队口号"爱我中华",接着各班到指定位置时喊自己班的口号。

② 红五星方队顺序:大二班部分幼儿穿表演服装,手持红五星带头,后面跟着手拿花环的中一班、中二班、中三班幼儿。

先喊方队口号"爱我国家",接着各班到指定位置时喊自己班的口号。

③ 火炬方队顺序:大三班部分幼儿穿表演服装,手持红火炬带头,后面跟着手拿各色小圈圈的小一班、小二班、小三班、小四班幼儿。

先喊方队口号"爱我家乡",接着各班到指定位置时喊自己班的口号。

2. 全园师幼边挥动手中的道具边唱《我爱北京天安门》

三、自主游戏

1. 游戏名称:丢沙包

游戏准备:12个沙包、4个呼啦圈、4张小椅子、4个小篮子(装沙包);

游戏玩法:4名幼儿一组,从起点跑至椅子处,将椅子上的沙包丢在距椅子1.5米远的呼啦圈中,投中数量最多的为胜。

2. 游戏名称:滚铁环

游戏准备:4个铁环及铁钩

游戏玩法:4名幼儿一组,左手持铁环,右手持铁钩,从起点控制铁环在赛道上滚动前行,绕过终点雪糕筒后返回,最先到达终点者胜。

3. 游戏名称:送鸡毛信

游戏准备:邮递员包2个、贴有3根鸡毛的信封2个、海绵垫子2张、布钻圈2个

游戏玩法:两个幼儿背上邮递员包同时从起点出发,里面装有鸡毛信一封,从塑料平衡木走过,再爬过草地(海绵垫子),钻过地道(钻圈),把信送到终点,先交给老师并击掌的为胜利者。

4. 游戏名称:炸碉堡

游戏准备:轮胎24个、迷彩网、雪糕筒(旁边支撑网)、碉堡(两色滚筒)3个、纸球6个

游戏玩法:两名幼儿同时从起点处爬过迷彩网,在迷彩网出口处拿纸球投掷到碉堡(两色滚筒)内。每人有3次机会,投入数量多的为胜利者。

5. 游戏名称: 弹石子

游戏准备: 桌子

游戏玩法: 2—4 名幼儿参加比赛。弹石子时必须沿着直线依次通过, 到达终点。

6. 游戏名称: 虾公碰壁

游戏准备: "虾公"头饰 5 个

游戏规则: 一个幼儿当"捕虾者", 其余幼儿当"虾公", 分散四周单脚跳。当"捕虾者"开始抓"虾公"时, "虾公"要单脚跳到墙边, 碰到墙壁即为安全。每组游戏 6 名幼儿参与。

7. 游戏名称: 抬轿子

游戏准备: 音乐《猪八戒背媳妇》

游戏玩法: 3 人一组, 2 人当轿夫, 1 人当新娘。当轿夫的幼儿将右手握住自己的左手腕, 再用左手握住对方的右手腕, 蹲下。扮新娘的幼儿将两只脚分别跨入两轿夫的双手臂之间, 两只手分别搭在轿夫的肩上。轿夫起立, 开始行走。音乐终止, 换角色重新进行。

8. 游戏名称: 斗鸡

游戏准备: 6 个公鸡头饰

游戏规则: 小朋友们围成一个圈, 一脚独立, 另一脚用手扳成三角状, 膝盖朝外, 用膝盖去攻击对方, 若对方双脚落地, 则赢得胜利。

9. 游戏名称: 运军粮

游戏规则: 幼儿分 4 组参与游戏, 听哨声后从起点出发。幼儿把番薯装进小推车, 绕过障碍物 (雪糕筒) 到终点后返回起点即为成功。

游戏道具: 小推车 4 辆、番薯若干、雪糕筒若干

10. 游戏名称: 柚子滚滚滚

游戏准备: 4 个柚子

游戏规则: 将幼儿分成 4 组, 听哨声出发, 从起点开始滚柚子, 把柚子滚到终点后抱起柚子往回跑, 再把柚子交给下一个小朋友。

11. 游戏名称: 喂怪兽

游戏准备: 纸球若干、钻圈 4 个、怪兽图案 4 个

游戏玩法: 将幼儿分为 4 组, 幼儿将纸球丢进贴有怪兽图案的钻圈里面, 丢进数量多者胜。

12. 游戏名称: 木头人

游戏规则: 一个小朋友蒙眼, 其他小朋友念口令: "我是一个木头人, 不许说话不许动!" 一边念一边尽快到达终点。当蒙眼的人叫 "3、2、1" 并转过身的时候, 所有人停止所有动作, 包括表情, 直至他再次回头蒙眼。如果有人动, 动的这个人就出局。

13. 游戏名称: 丢手绢

游戏准备: 手绢

游戏规则: 小朋友们围成一圈蹲下, 其中一个小朋友站起来, 拿着手绢, 开始在小朋友们身后绕外圈走。蹲着的小朋友开始唱歌: "丢, 丢, 丢手绢, 轻轻地放在小朋友的后面, 大家不要告诉他。" 歌曲结束之前, 丢手绢的小朋友必须把手绢放在某个小朋友的身后, 然后快速回到自己原本的位置。

14. 游戏名称: 跳绳

游戏规则: 用跳绳的方式跳到对面, 不能用手触碰地面, 如有违规, 则从起点重新开始。

15. 游戏名称: 二人三足

游戏准备: 4 至 8 根带子、足球

游戏玩法: 分两组, 用带子将两人靠近的两条腿扎紧 (必须在膝盖以下扎紧), 然后两人三足抱着球从起点走向终点。最先到达终点的一组为胜。

16. 游戏名称: 捉龙尾

游戏准备: 3 个龙的头饰

游戏玩法：一人当"龙头"，一人当捉"龙尾"者，其余幼儿一个接一个地拉住前一位的后衣摆接在"龙头"后面做"龙身"，最后一人当"龙尾"。"龙头"带着"龙身"左右移动跑，让"龙尾"躲避捉拿。注意"龙身"不要脱节。

17. 游戏名称：击鼓传花

游戏准备：1 面小鼓、1 朵向日葵花

游戏玩法：一名幼儿手拿花站在圈外，其他幼儿在地上围圆圈坐好。鼓声响起时，手拿花的幼儿把花放到任何一位幼儿的后面。鼓声停后，大家看谁的后面有花，拿到花的幼儿去追放花的幼儿，追到放花的幼儿为胜。

18. 游戏名称：贴药膏

游戏准备：在场地上画个大圆圈或者长方形

游戏玩法：两人一组，一人当追逐者，一人当逃者。追逐者去追拍逃者，逃者可以利用圆圈上的人做障碍物与追逐者在圈内外奔跑躲避，不能跑出规定的界限。在跑的过程中，逃者可站在任何一组的前面或后面贴人，这组前面或后面的人就变成了逃者。追者继续追拍，直到追拍到逃者为止。追拍到后两人交换角色，游戏继续。

.19. 游戏名称：穿越封锁线

游戏准备：纸球、画两条平行线、画起点与终点线

游戏玩法：分两组，每组人数相同，分别为攻方、守方。守方站在投掷线上，每人持一球；攻方站在起点线后。游戏开始，攻方依次以快速跑、跳、躲闪动作冲过封锁线，到达对面终点线。守方在攻方通过时用球投掷其腰以下部位，被击中者退出，未被击中者继续游戏。然后两队交换进行，最后被击中少的队伍获胜。

知民俗 品年味

——梅江区龙丰幼儿园"迎新春"主题活动

策划、指导: 刘媚

设计: 李贞珠

活动时间: 2021 年 1 月 11 日—22 日

活动地点: 梅江区龙丰幼儿园

活动目标

1. 通过"迎新春"系列活动,了解客家人过年的一些表现方式。

2. 用美工、歌唱、制作美食等形式,展现艺术、手工、交往的能力。

3. 感受客家人过年的热闹气氛,在游戏活动中体验客家民间活动带来的快乐。

活动内容

一、红红火火赏大年(11 日—15 日创设过年环境)

1. 各班教师与幼儿商讨如何创设本班的"年味",把商讨的过程以图文的形式记录下来。(用展板的形式展出)

2. 师幼齐动手布置过年的室内外环境。

二、干干净净迎大年(18 日)

师幼一起打扫、清洁室内外环境,幼儿帮忙清洗玩具。

三、漂漂亮亮中国年(11 日—19 日)

保教人员积极组织小、中、大班幼儿开展制作新年利是袋(红包袋),开展剪窗花、剪福、剪双喜,制作贺年卡、爱心卡,装饰灯笼、花瓶等系列活动;组织幼儿了解挂灯笼、贴对联、拜年、压岁钱等习俗,懂得 2021 年的生肖是什么动物。

四、开开心心贺大年（20 日上午）

舞狮队的师幼分别到行政室、各班、厨房、保健室、保卫室给园长、老师、小朋友、厨房阿姨、医生、保卫伯伯拜年（回送自制礼物给舞狮舞龙队幼儿）。

五、热热闹闹过大年（22 日上午）

（一）节目表演

1. 大班幼儿表演舞龙舞狮

2. 园长新年致辞

3. 中班幼儿非洲鼓表演

4. 客家童谣（教师手拿杯花念客家童谣）

5. 五步拳（大班幼儿）

6. 合唱客家山歌《新年好》（全体幼儿）

（二）游戏活动

艺术类：

1. 做红包袋（做好的作品用展板展示）

2. 剪窗花（做好的作品用展板展示）

3. 制作贺年卡（画祝福语、画新年愿望）（做好的作品用展板展示）

4. 制作水果网袋（装火龙果、年橘、苹果，请每位幼儿家长和孩子一起提前织好）

5. 鼓乐（非洲鼓、大鼓、中红鼓、锣、镲）

6. 木琴（幼儿玩具琴）、风铃（敲竹筒）

7. 下棋（飞行棋、斗兽棋、跳棋等）

8. 书法（请 2—3 位家长写对联或教小朋友写福，幼儿用毛笔、墨水画"福""牛"字）

9. 画（幼儿临摹画、意愿画、写生画）

10. 茶艺（泡茶）

11. 插花

12. 山歌、童谣表演

13. 舞龙、舞狮

14. 贴福

美食类（请家长志愿者帮忙，提前培训家长志愿者）：

1. 做馓子；2. 煎虾片；3. 炸芋圆、南瓜圆；4. 做煎圆；5. 打糍粑；6. 做肉圆；7. 蒸味酵粄；8. 做棉花糖；9. 磨豆浆

六、欢欢喜喜拜大年（22 日下午）

1. 环境准备：

①主题环境及上午全园幼儿制作的各种利是袋、福袋、爱心果袋等。

②由大班幼儿舞狮、舞龙。

2. 分级分批组织幼儿在下操场统一向家长拜年（说祝福语）。幼儿给自己的家长送新年礼物（网袋装水果），家长领着孩子欣赏 22 日上午制作的作品后离园。

大班社会活动：年夜饭

梅江区龙丰幼儿园   吴莺

设计意图

春节是我国的传统佳节，各地的春节习俗各有不同。年夜饭作为春节的习俗之一，蕴含丰富的中国传统饮食文化和礼仪文化。本活动选择贴近幼儿生活的"吃"，让幼儿对自己家过年吃什么做调查，在共同分享的同时感受客家饮食文化的魅力，并发现地方饮食文化的差异性，丰富幼儿的社会经验，同时培养幼儿对传统文化的兴趣。

活动目标

1. 了解客家人过年的习俗，学习客家人吃年夜饭的礼仪。
2. 乐于交流自己的发现，感受不同文化的差异性。
3. 培养幼儿对客家饮食文化的兴趣。

活动准备

1. 经验准备：幼儿在家长的帮助下了解自家年夜饭的菜品，并将自己最喜欢的菜肴用图画记录。
2. 物质准备：PPT课件，装有对联、灯笼和红包实物的袋子，手工制作的烟花、鞭炮若干，客家山歌《新年到》。

活动过程

一、导入活动，引发幼儿兴趣

教师出示环保袋，提问："小朋友们，想不想知道老师这个袋子里装的是什么？"教师将袋子一层一层慢慢揭开，最后露出里面的红包、对联和灯笼，引发幼儿的学习兴趣。

二、迁移已有经验，讨论年夜饭的菜品，感知不同文化的差异性

1.师：上个星期老师布置了一个任务，让小朋友回家向爸爸妈妈了解年夜饭准备吃什么，并把自己最喜欢的菜画下来。谁来和大家一起分享自己了解到的过年吃什么东西？

幼儿自由发言，同时介绍自己家年夜饭的准备，展示自己和家长一起绘画的客家菜，并大胆介绍自己喜欢吃的菜，说说喜欢的原因。

师：刚才有好多小朋友介绍的都是客家美食，有盐焗鸡、酿豆腐、梅菜扣肉和小朋友最喜欢的肉丸。接下来让我们再看看其他小朋友家的年夜饭准备了什么，好不好？

2.让外地的幼儿介绍自己家的年夜饭菜品。教师引导幼儿观看图片并积极讨论，引发幼儿发现地方饮食文化的不同。

师：鹏鹏小朋友家的年夜饭好像跟你们的不一样，他们家过年全家人一起动手包饺子吃，还有汤圆和猪蹄。因为他的妈妈是北方人，和外公外婆一起过年的时候他们家都会包饺子、吃汤圆。萍萍小朋友家在湖南，每年她都会回老家过年，她们家的菜红色的比较多，因为她的家乡人都喜欢吃比较辣的食物。

三、学习年夜饭的礼仪，丰富幼儿的经验

师：我们的年夜饭准备好了，现在要开始进餐了。谁能说说在吃年夜饭的时候要注意什么呢？

幼儿根据自己的经验讲述春节习俗。

师小结：年夜饭又叫团圆饭，是指全家人团团圆圆地聚在一起吃饭。在吃年夜饭的时候，我们小朋友一定要懂得尊敬长辈，要让长辈先坐。在吃饭的时候，全家人要相互说祝福语，祝福大家在新的一年里平平安安、事事顺利。小朋友们，学会了这些春节礼仪，我们一起过春节，吃年夜饭吧！

四、师幼共同庆祝，感受节日的快乐。

播放音乐《新年到》，师幼共同贴春联、挂灯笼、挂鞭炮、装饰活动室，庆祝新年。

中班综合活动：舌尖上的客家美食

梅州市梅江区龙丰幼儿园　朱紫媛

教学目标

1. 了解一些客家美食的种类、味道和制作过程，对客家饮食文化产生兴趣。

2. 通过多媒体课件等引导幼儿学习制作手工腌面。

3. 通过介绍客家美食，培养幼儿的语言表达能力。

教学准备

1. 客家美食图片

2. 多媒体课件、视频

3. 制作美食的一些工具、材料（活动延伸用）

教学过程

一、赏客家美食

1. 师：小朋友们，我们是哪里人？（客家人）你们了解客家吗？我们都知道客家祖先非常聪明和勤劳，发明了许多劳动工具和生活用品，还做出了许多别的地方没有的美食呢！你们知道有什么客家美食吗？请小朋友来介绍介绍。

2. 幼儿向同伴介绍自己了解的客家美食，教师播放相应的美食图片。

3. 教师适时补充介绍一些客家美食。

二、"话"客家美食

1. 师：刚刚我们一起了解了这么多客家美食，其实除了这些，客家地区还有很多很多的美食，请小朋友再与同伴交流"我吃过的客家美食""我最爱吃的客家美食""它是什么味道，怎么制作的"。

2. 幼儿自由交流讨论。

3. 请小朋友介绍自己最喜爱的客家美食。

三、做客家美食

1. 师：小朋友们，你们知道老师最爱吃的客家美食是什么吗？下面请大家一起来看看吧。

2. 教师播放多媒体课件展示，让小朋友说出美食名字。

3. 师：小朋友们，你们知道这些美食是怎么制作出来的吗？

4. 请幼儿观看一些客家美食的制作视频：腌面、三及第汤、酿豆腐、盐焗鸡、发粄。

5. 幼儿讨论：看了美食的制作过程，你们有什么想法？

小结：没错，这些客家美食制作起来要花费很多的时间和精力，我们客家人的祖先不仅勤劳还很聪明，制作了这么多好吃的美食流传至今，而且深受客家人喜爱。小朋友们，你们想不想也像我们的长辈一样勤劳能干，制作出美味的食物呢？

6. 操作活动：制作腌面（美术活动）

（1）请幼儿画一个碗，并把它剪下来粘贴在底板卡纸上；

（2）用黄色皱纹纸撕出腌面的形状，把它装进碗里；

（3）在腌面上洒上一些"葱花"。

7. 作品展示，或与同伴交换"品尝"自己做的腌面。

四、活动延伸

今天，老师还带来了一些工具和材料，你们猜猜它们可以用来制作什么美食？有时间我们再一起来动手用这些工具制作客家美食，好不好？

大班健康活动：勇敢的小小兵

梅江区北大附属客天下幼儿园　傅旭慧

活动目标

1. 学习匍匐前进的正确方法。

2. 在情景活动中提高幼儿全身动作的协调性和灵活性。

3. 在游戏中培养幼儿乐意合作、勇敢、自信参与活动的性格，体验成功的乐趣。

活动准备

1. 椰汁易拉罐（幼儿人手一个）、四组垫子、两组平衡木、长绳子、大纸箱做成的"军火库"、两组两层高的奶粉罐"墙"、两面红旗、口哨、音乐。

2. 布置场地。

活动过程

1. 导入活动

师：今天我们来做"解放军小小兵"的游戏。老师是指导员，你们是勇敢的小小兵。

2. 热身运动（背景音乐《小小兵》）

小小兵们听指挥，我们一起学本领。听信号迅速站成一列纵队，立正、稍息，踏步走成四纵队。瞄准射击（上肢运动），装弹开炮（下蹲运动），望远镜看一看（体转运动），骑马奔跑（原地跑）。

3. 开展游戏

（1）激发幼儿的游戏兴趣

刚才，我们的侦察兵发现了敌人的军火库，里面有很多炸药，我们必须要炸毁它。但是，敌人的军火库装了电网，只要我们碰到它就会被敌人发现，我们也会因触电死亡。小朋友们讨论一下怎样才能安全地过去呢?

（2）爬过电网

①幼儿尝试爬过电网。

②教师示范：趴下—曲臂—收腿—向前爬。

（3）幼儿分组练习重点动作，教师指导

提醒幼儿要注意把整个身子放平，迅速爬过。

（4）幼儿完整做完游戏。（背景音乐《游击队之歌》）

教师讲解游戏规则，幼儿分组游戏。

4.游戏活动评价

5.结束活动

教师引导幼儿做放松运动。

小班语言活动：羊角咩咩（客家童谣）

梅江区龙丰幼儿园　曾雪玲

设计意图

传承和弘扬客家传统文化是每一个客家人的责任和使命。客家童谣作为具有童趣和乡土语言的形式，对于幼儿来说易熟易懂，非常适合在幼儿园开展地域文化特色的综合教育，对幼儿在五大领域（语言、艺术、科学、社会、健康）的认知中有着重要的价值。为此，我班开展了"客家传统文化教育"的主题活动，以"学童谣、玩童谣"进行了教学活动。

活动目标

1.运用故事的形式讲解客家童谣《羊角咩咩》的内容，让幼儿感受客家童谣的趣味性。

2.引导幼儿学习有节奏地念客家童谣，喜欢念客家童谣。

3.大胆地参与客家游戏的表演，激发幼儿对客家游戏的兴趣。

活动准备

《羊角咩咩》故事图片、谜语图片、老虎和羊的头饰

活动过程

1.幼儿猜谜语，引出活动主题。

谜语：头上尖尖角，胡子白花花，

穿白衣，爱吃草，唱起歌来咩咩叫。（羊）

2.教师讲述《羊角咩咩》的故事，帮助幼儿
理解故事内容。

教师用客家话有表情地讲述故事，并提问。

3.引导幼儿学念客家童谣。

（1）当教师念到"老虎在干吗？"时，引导幼儿用客家话回答"睡觉、
刷牙"等，并用肢体动作表示。

（2）教师引导幼儿有节奏地学念客家童谣。

（3）引导幼儿尝试接龙念客家童谣。

（4）分组进行接龙念客家童谣。

4.游戏：羊角咩咩。

（1）教师交代游戏玩法和规则，示范与幼儿游戏

玩法：教师扮演"老虎"，幼儿戴上头饰扮演"小羊"。"小羊"念客家童
谣，念到"老虎在干吗？"，"老虎"说睡觉或刷牙，"小羊"可继续向前走；
当"老虎"说"来了"，"小羊"则赶紧找位置躲好。最后被"老虎"捉到的"小
羊"在下一轮游戏中扮演"老虎"。

（2）幼儿分组游戏

5.教师小结活动。

6.延伸活动：请幼儿回家后和家人进行游戏。

中班音乐活动：我爱家乡蕉岭美

蕉岭县实验幼儿园　黄琼芬

设计意图

　　春节的时候，很多在外工作的蕉岭人会高高兴兴地带着妻儿回家乡过年。当你看到一片喜气洋洋的景象时，作为蕉岭人的幸福感油然而生。然而，在国人日益重视文化遗产继承和保护的今天，你会感受到客家文化在幼儿这一代受到了冲击和流失，如：在龙门广场，你会听到爷爷奶奶用不太标准的普通话对孩子说"宝宝，到奶奶这边来……"；去朋友家你会听到孩子只会用普通话向你问好，而当你用客家话和他交谈时，他却因为听不懂客家话而用一双茫然的眼睛看着你……为了让优秀的客家文化得到传承，本人设计了中班音乐活动"我爱家乡蕉岭美"，让孩子们在学唱的过程中领略客家山歌的文化内涵和艺术感染力，进一步激发他们热爱家乡的情感。

活动目标

　　1. 尝试用客家话演唱客家山歌，体验演唱客家山歌的亲切感。

　　2. 运用不同的形式感受山歌 2/4 节拍。

　　3. 通过学习简单的客家山歌，感受家乡的美，激发幼儿爱家乡的情感。

活动准备

　　1. 客家山歌《圆圆谣》、客家童谣《排排坐》《月光光》。

　　2. 歌曲《魅力蕉岭》。

　　3. 课件《我爱家乡蕉岭美》，快板若干。

活动过程

一、唱客家山歌《圆圆谣》，感受客家人的"圆"文化

复习童谣《排排坐》《月光光》及客家山歌《圆圆谣》，感受客家艺术文化魅力。

二、学唱客家山歌《我爱家乡蕉岭美》

1. 复习童谣《我爱家乡蕉岭美》

2. 欣赏山歌《我爱家乡蕉岭美》

3. 运用不同的形式感受山歌节拍及学唱山歌。

①踏脚跟唱；②拍腿跟唱；③两人拍手跟唱

三、歌唱表演《魅力蕉岭》

激发幼儿作为蕉岭人的幸福感和自豪感。

四、小结

世界长寿之乡——蕉岭，有着美丽的风景和好客的蕉岭人。我们不仅要把美丽的蕉岭风景分享给每一个人，还要用客家话、客家山歌告诉他们。

五、活动延伸

在班级的表演区、语言区、美术区渗透客家山歌、蕉岭习俗、蕉岭美食。

中班社会活动：客家美食

——酿苦瓜

兴宁市文峰幼儿园　薛文婷

活动目标

1. 初步了解客家美食文化，知道酿苦瓜是客家美食，对其来历故事感兴趣。

2. 通过教师的讲解示范后，幼儿动手操作，体验酿苦瓜的快乐。

3. 感受客家祖先的勤劳和智慧，培养幼儿作为客家人的自豪感。

活动准备

苦瓜若干、香菇、糯米、猪肉末、盐、盆子若干、油、微课

活动过程

一、引发兴趣

1. 师：小朋友们，兴宁有很多客家美食，你们能说说自己吃过哪些客家美食吗？（请幼儿根据生活经验讲一讲酿豆腐、萝卜粄、黄粄、甜粄、艾叶粄、酿苦瓜等等）

2. 今天老师想给小朋友们介绍一下我们的客家美食——酿苦瓜。

3. 小朋友说一说。

你们看过爸爸或者妈妈酿苦瓜吗？是怎么样酿的？

4. 师：酿苦瓜和酿豆腐、萝卜粄等客家美食最开始是从兴宁流传出去的。我们客家人的祖先不仅勤劳还很聪明。现在，老师请小朋友们亲自做酿苦瓜。

二、酿苦瓜

1. 出示酿苦瓜的材料：苦瓜若干、香菇、糯米、猪肉末、配料。

2. 观看微课，学做酿苦瓜。

3. 教师讲解、示范酿苦瓜的做法。

（1）教师用食物示范并讲解酿苦瓜的做法；

（2）教师指导幼儿制作酿苦瓜，体验成功的喜悦；

（3）幼儿分享酿苦瓜的方法。

4. 教师进行小结，请个别幼儿讲述自己酿苦瓜的过程和感受。

三、结束活动

1. 幼儿互相欣赏制作的酿苦瓜，分享酿苦瓜的快乐。

2. 这些酿好的苦瓜请厨房阿姨帮忙蒸熟，午饭的时候让幼儿品尝自己制作的酿苦瓜。

四、活动延伸

小朋友们回到家请爸爸妈妈准备材料，酿苦瓜给爸爸妈妈和爷爷奶奶吃，好吗？爸爸妈妈和爷爷奶奶一定会很高兴的。

大班体育游戏活动：小小解放军学本领

大埔县第二实验幼儿园　钟超斐

活动目标

1. 掌握投手榴弹的动作要领，提高幼儿投掷动作技能。
2. 发展幼儿全身的协调性和柔韧性，激发幼儿热爱解放军的情感。
3. 培养幼儿之间友爱互助、克服困难的精神。

活动准备

野战网 1 张、"坏人" 2 个、平衡木 2 条、爬行垫 4 面、音箱 1 个、手榴弹道具若干、布置好场地

活动过程

一、幼儿随音乐跟老师一起做准备运动

二、基本部分

（一）小小解放军学本领——快速反应

游戏玩法：幼儿分别站在 4 个房子中，教师发现了某个房子中的小小解放军后，这个房子中的小小解放军就要立刻跑到第五个安全屋里躲藏起来。

游戏规则：音乐声响起来的时候要保持警戒，认真听老师的声音，看清老师的手势。被发现的幼儿要快速地转移到安全屋中，被老师抓到则要暂停游戏，其他未被发现的幼儿则待在原地不动。

（二）小小解放军学本领——过独木桥、匍匐前进

游戏玩法：每次每名幼儿快速安全地走过平衡木，然后匍匐前进爬过爬行垫，快速达到对岸。

1. 教师一边讲解过独木桥、匍匐前进的动作要领，一边示范。

2.幼儿练习过独木桥、匍匐前进，教师个别指导，然后请做得好的幼儿个别示范。

规则：音乐声响起，第一个幼儿开始游戏，张开双臂保持平衡，若掉下平衡木则需要重新开始，安全快速地经过平衡木，到达爬行垫上，匍匐前进，快速通过对岸，拍手鼓励下一个队友通过，直至全部幼儿通过。

（三）小小解放军学本领——扔手榴弹

幼儿操作，教师指导。

游戏情景：茂密的丛林中有隐藏的"坏人"，我们要用投手榴弹的方式把他们赶跑。

玩法：

1.趁敌人还没有来，教师一边讲解扔手榴弹的动作要领，一边示范。幼儿练习扔手榴弹的技能技巧。

2.敌人来了，幼儿扔手榴弹，把敌人赶跑。

3.狡猾的敌人来回变换位置，幼儿扔手榴弹时要扔准。

三、结束部分

幼儿听音乐跟教师做放松运动。

大班音乐活动：竹板一打闹洋洋（竹板歌）

梅州市直属机关幼儿园　谢艳芳

活动目标

1. 让幼儿了解客家竹板、竹板歌的特点。

2. 引导幼儿学会使用打击乐——竹板。

3. 引导幼儿对客家民间曲艺产生浓厚的兴趣。

活动准备

竹板、PPT 课件、乐谱

活动过程

一、活动导入

教师唱《竹板一打闹洋洋》，竹板伴奏。

二、活动过程

1. 教师出示客家地区常用的打击乐器——竹板，与幼儿一同观察竹板的构造、探讨竹板的使用方式。

竹板的基本打法，包括夹板、摇板、七星板和平板。演奏竹板时，竹板用手掌挟持，以虎口为支力点，拇指根骨卡板中缘，食指和中指第一、二节卡板外缘，握中段，用手劲伸震，使两板紧密碰击而发出乐音，是为"夹板"；若左右手各持一对竹板，则称为"双夹板"。

2. 介绍平板打法、七星板打法，给幼儿分发竹板，练习简单的打法。

3. 教师利用 PPT 课件介绍客家民间曲艺"竹板歌"

"竹板歌"，又名"五句板"，因说唱者以竹板击节伴奏而得名，属客家民间曲艺，是粤东客家地区具有独特风格的民间说唱艺术，流行在客家地区，以梅州兴宁最盛，五华、梅县、梅江区、大埔、丰顺次之。

4. 教师引导幼儿学唱《竹板一打闹洋洋》。

5. 引导幼儿用竹板给《竹板一打闹洋洋》伴奏。

6. 幼儿一边打竹板一边哼唱《竹板一打闹洋洋》，在快乐的气氛中结束活动。

活动延伸

鼓励幼儿回家表演给家长欣赏。

中班社会活动：好吃的客家菜

梅江区教师发展中心　黄畅

活动目标

1. 对客家饮食文化产生兴趣，乐于交流自己的发现。

2. 通过多媒体课件等引导幼儿发现并了解一些客家菜的种类、味道和制作过程。

3. 体验客家祖先的勤劳和智慧，培养幼儿作为客家人的自豪感。

活动准备

1. 媒体课件：（1）搜集各种客家菜图片（例如：盐焗鸡、梅菜扣肉、酿豆腐、三及第汤、腌面、清汤双丸、萝卜丸等），将图片做成多媒体课件。（2）收集酿豆腐制作过程的录像或图片。（3）电脑一台，投影仪、摄像机一台。

2.橡皮泥人手一盒，泥工板每人一块。

活动过程

一、引出活动主题

我们生活在梅州，是客家人，讲的是客家话。梅州是世界客都，山清水秀，民风淳朴。不少慕名而来的游客不仅对雁南飞、五指峰的秀丽风光赞不绝口，更是对好吃的客家菜念念不忘。今天，有许多远方客人来到梅州，我们一起准备一桌好吃的客家菜来招待他们吧！你们知道有哪些好吃的客家菜呢？

二、介绍各种各样的客家菜

播放多媒体课件——客家菜图片的同时由幼儿向同伴介绍菜的名称、味道和制作材料等。

1.请看第一道菜是什么呢？（盐焗鸡）它的味道怎么样？

教师介绍盐焗鸡是梅州的三大名菜之一，讲述其色香味及制作方法。

2.讲解酿豆腐、梅菜扣肉、腌面、三及第汤、猪肉丸、牛肉丸、萝卜丸的制作方法。

3.小结：这么多的客家菜，你们觉得怎么样？（好吃，很香）对了，我们客家菜的特点就是"咸、香、熟"。每一道菜多采用蒸煮的方法，不加过多配料，保留食物的原汁原味。

三、教师向幼儿展示酿豆腐的微课

幼儿讨论：酿豆腐是怎样做出来的？

四、泥工制作

看了那么多好吃的客家菜，我们用橡皮泥来做酿豆腐、肉丸、梅菜扣肉等这些好吃的客家菜，好吗？

1.指导幼儿用橡皮泥制作。

2.幼儿介绍自己的作品，向大家展示作品。

教师小结：这些好吃的菜都是我们梅州才有的客家菜。客家人的祖先不仅很勤劳还很聪明，制作了这么多好吃的菜。小朋友们要向长辈们学习，做个勤劳而又聪明的人。

大班社会活动：我爱家乡梅州

梅州市艺术学校　李宇卿

设计意图

我们的家乡梅州，山河交错，景色秀美，青山绿水风光无限。客家人在这片土地上深耕，形成了独具特色的客家文化，如客家话、客家美食、客家建筑和客家习俗。家乡如此美丽，我们感到无比自豪，也感到有必要通过社会活动等途径，引导幼儿增强对自己家乡的了解，激发他们热爱家乡的情感。

活动目标

1. 从山水风景、客家美食、客家童谣等方面了解家乡梅州的基本信息。

2. 能在抢答、观察等方法的作用下，主动参与到家乡知识的学习中来。

3. 增强热爱家乡的情感，培养幼儿对客家文化的认同感和本位感，产生积极的情感意识。

活动准备

1. 经验准备：梅江区龙丰幼儿园近几年举办了丰收节活动和客家童谣节等主题游戏活动，客家文化已作为园本课程的素材融入日常教学中，所以幼儿对于"我爱家乡梅州"这个主题，已经具备了一定的认识。

2. 材料准备：课件、广东省的地图、星星贴纸、照片、音乐。

活动过程

一、提出问题，引出主题

师：小朋友们，你们知道我们现在生活的城市是什么城市吗？对，是梅州。梅州是客家人聚居的地方，这里有许多美丽的景色、丰富的特产和独特的语言。小朋友们，你们喜欢自己的家乡吗？

二、开展竞赛问答，了解家乡特色

师：我们分成五个组，进行问答竞赛。答对题目的小朋友可以赢得一个星星，并把星星贴在颜色板上。活动结束以后看一看哪一组的星星数量最多，每个人奖励一个小礼物。

1. 问答题一：我的家乡在哪里？

师：这是广东省的地图，请小朋友们找一找梅州在哪里，是什么形状的。

2. 问答题二：游览家乡美景，它们叫什么名字？

师：请小朋友们观看图片中的梅州美景，说一说它们叫什么名字，看哪一组的小朋友说得快，猜得准。如果有小朋友去过的话，可以介绍给大家，能多获得一个星星。

（教师出示剑英公园、广东中国客家博物馆、叶剑英纪念园、泮坑公园、丙村客都人家、兴宁神光山、平远五指石等）

3. 问答题三：你们会唱客家山歌吗？

师：小朋友们，你们听过客家山歌吗？你们会唱哪些客家山歌？能表演唱客家山歌的小朋友，可以奖励一颗星星。如果整组的小朋友能集体表演，奖励两颗星星。

4. 问答题四：梅州美食有哪些？

师：梅州有好听的客家山歌、美丽的风景，还有美味的客家美食。请说出一种客家美食的名字。开始抢答！

（课件展示客家美食，如盐焗鸡、梅菜扣肉、酿豆腐、粄类、姜糖、柚子等）

三、小结家乡美，说一说如何爱家乡

师：小朋友们，我们的家乡这么美丽，还有这么多好吃的东西，你们爱不爱家乡呢？请你们说一说，爱家乡的哪一点？

师：那么，我们如何保护家乡呢？怎么做可以让家乡更美好呢？

（要做环保卫士，保护我们的家乡环境；要对人有礼貌，做一个好孩子，成为家乡的骄傲；要把家乡介绍给别人，宣传自己的家乡，等等）

四、活动尾声，对星星数量进行统计和奖励

师：小朋友们，这次小组合作非常有意义，大家都为集体付出了努力。现在我们来统计一下，今天星星数量最多获得优胜的是哪一个小组。

活动延伸

师：小小彩笔，富有神奇。请小朋友们在周末的时候，创作一幅画，画一画我的家乡——梅州。

大班美术活动：客家围屋

梅州市梅江区萍聚幼儿园 余艳艳

活动目标

1. 在了解客家围屋的基础上，尝试自己设计客家围屋，并会用点、面去装饰。

2. 了解刮画的方法，尝试进行刮画创作。

3. 培养幼儿对刮画的兴趣。

活动准备

刮刮纸、竹签、客家围屋图片、范画、手偶

活动过程

1. 导入活动，激发兴趣。

师：今天我请来了一个小客人，你们想不想知道是谁呢？你们知道这是谁吗？这是一个客家娃。你们知道客家娃住在什么地方吗？

2. 出示图片，师幼共同讨论围屋的形状特点。

（1）教师引导幼儿观察围屋的整体外形特点。

（2）教师与幼儿一起观察围屋内的建筑特征。

小结：有的客家围屋呈回字形，有的呈半圆形，有的呈圆形，有的呈椭圆形，有的呈一字形排开。有的门是拱形，有的门是长方形。

3. 欣赏示范作品。

4. 教师示范作画。

5. 幼儿作画，教师巡回指导，鼓励幼儿设计出与教师或小朋友不同的客家围屋。

6. 幼儿作品展示，分享自己的想法。

7. 结束活动：律动《客家人系有料》。

大班社会活动：好吃的客家美食

平远县实验幼儿园　杨柳平

设计意图

　　梅州是客家人的聚居地，年长的一代无时无刻不感受着客家文化。但是，年轻的客家人，很少有机会去发现客家祖先的勤劳和智慧。为了让幼儿更加了解和热爱自己的家乡，我从最直观的、幼儿最喜爱的客家美食入手，引导幼儿去发现和体验博大精深的客家文化，为本班幼儿设计了这个有关客家文化的活动。

活动目标

　　1. 对客家饮食文化产生兴趣，乐于交流自己的发现。

　　2. 通过多媒体课件等引导幼儿发现并了解一些客家美食的种类、味道和制作过程。

　　3. 体验客家祖先的勤劳和智慧，培养幼儿作为客家人的自豪感。

活动准备

　　1. 多媒体课件。

　　（1）请家长和孩子一起搜集各种客家美食的图片（例如：梅州腌面、萝卜丸、盐焗鸡、酿苦瓜、娘酒鸡、酿豆腐、梅菜扣肉、黄粄、味酵粄等），教师将图片做成多媒体课件。

　　（2）教师收集一些传统客家美食制作过程的视频或图片。

　　（3）一体机。

　　2. 设计调查表"好吃的客家美食"并在家填好。

　　3. 实物：幼儿从家里带来一些客家美食或特产。

活动过程

一、欣赏客家美食

1. 师：小朋友们都知道自己是客家人的后代，知道我们的祖先非常聪明和勤劳，发明了许多劳动工具和生活用品，还做出了许多外地没有的美食。你们知道的客家美食有哪些呢？请小朋友们来说一说。

2. 向幼儿介绍收集的客家美食图片。（播放多媒体课件）

二、交流讨论调查表——好吃的客家美食

1. 教师展示幼儿做的《好吃的客家美食》的调查表，同时请幼儿说说自己的调查内容。

2. 同伴间互相介绍自己的调查表。

三、教师向幼儿展示多媒体课件——客家美食的制作

1. 幼儿欣赏多媒体课件：黄粄的制作过程。

2. 幼儿讨论：老师喜欢吃的客家美食是怎样做出来的？看见这些美食你想到了什么？

四、品客家美食

1. 幼儿向同伴介绍自己带来的客家美食。

2. 幼儿互相分享客家美食。

3. 分享活动结束后进行讨论：你吃了什么美食？你最喜欢吃的客家美食是什么？你知道它们是怎样做出来的吗？

五、延伸活动：制作客家美食

我们的客家祖先不仅勤劳而且聪明，刚才我们吃的客家美食都是祖先们创作出来的，小朋友想学做这些美食吗？我们回家和爸爸妈妈一起试着做一做好吗？

大班语言活动：月光华华（客家童谣）

梅州市梅县区第二实验幼儿园　李素红

活动目标

1. 能熟练朗诵客家童谣《月光华华》。

2. 能理解童谣所表达的情境，愿意大胆地进行情景表演。

3. 通过学习客家童谣，增进幼儿对客家文化的了解，培养爱家乡的情感。

活动准备

客家童谣《月光华华》视频、音频资料。

情景表演道具：桌子、小板凳、茶壶、茶杯等。

活动过程

一、接力游戏：客家童谣《月光光》

1. 师幼一起复习客家童谣《月光光》。

2. 幼儿进行《月光光》的朗诵接力游戏。

二、学习朗诵客家童谣《月光华华》

1. 播放《月光华华》的音频，幼儿倾听。

提问：你们听到了什么？（在倾听、回答中，幼儿初步了解童谣内容）

2. 启发幼儿想象：这首童谣中有谁？他们在做什么？

（幼儿在想象、回答中进一步熟悉童谣内容）

三、情景游戏：月光华华

1. 明确游戏角色分工：细妹、阿哥、大伯。

2. 幼儿自主游戏，教师观察指导。

3. 请幼儿分组上台表演，其余幼儿欣赏并评价。具体引导幼儿说一说：

你们喜欢谁的表演？为什么？

4.小结：你们喜欢这首童谣吗？为什么？

《月光华华》这首童谣生动地描述了客家儿童热爱劳动、尊敬长辈的画面。我们小朋友也要像童谣中的阿哥、细妹一样，热爱劳动、尊敬长辈。

四、活动延伸

与家人一起收集客家童谣，在语言区交流分享。